세상을 담은
밥 한 끗

세상을 담은 밥 한 그릇

길담서원 기획 | 주영하 · 송기호 · 문성희 · 이명원 · 박성준 · 정대영 · 김은진 지음

궁리
KungRee

내가 선택한 밥상이
세상을 바꾼다

길담서원은 오는 2월 25일이면 다섯돌을 맞습니다. 그동안 다채로운 모임들이 길담서원에 둥지를 틀었습니다. 책여세(책 읽기 모임), 책마음샘(찾아가는 음악회), 콩글리시(영어원서강독 모임), 끄세쥬(프랑스어문 모임), 청소년인문학교실, 어른들을 위한 인문학교실, 한뼘미술관, 경제공부모임, 철학공방, Weltreise(독일어문 모임), 맨땅일본어 등등. 모임 하나하나의 중심에는 우연히 찾아왔다가 길담서원의 주인이 된 사람들이 있습니다. 그 가운데서도 가장 반갑고 마음 설레게 하는 모임이 청소년인문학교실입니다.

"우리 아이들을 위한 인문학 공부 모임도 있었으면 좋겠어요."

중2 청소년을 둔 어머니의 이 한마디가 씨앗이 되었습니다. 씨앗을 싹을 틔워 '청소년인문학교실을 위한 준비모임'으로 키웠습니다. 준비모임에는 학부모, 교사, 교육에 관심 있는 분들이 모였습니다. 몇 차례의 준비 모임과 두 번의 시범 교실을 거쳐 2009년 1월부터 아래와 같은 생각을 기본으로 길담서원 청소년인문학교실을 열고 있습니다.

- 청소년은 수동적 존재가 아닌 주체이다. 청소년인문학교실 기획 모임에는 청소년이 어른들과 대등하게 참여한다. 수업의 30% 정도는 청소년의 시간으로 할애한다.
- 강의는 연구와 실천을 겸비한 전문가에게 의뢰한다. 비판적 분석과 대안 있는 해법이 조화를 이루게 한다. 현직 교사도 강사로 모셔서 학교 현장과 소통하는 교실이 되도록 한다.
- 주제를 예술적으로 구현한 문학 작품과 철학적으로 접근한 강의를 반드시 포함시켜 청소년기의 맑고 따뜻한 감성을 보듬고 논리적이고 이성적인 사유 능력을 기르도록 한다.
- 주제와 관련하여 1박 2일 답사 프로그램을 진행한다. 자유분방한 프로그램 속에서 또래들과 친해지고 도심에서 자란 청소년이 자연과 벗하는 기회를 갖도록 한다.
- 경제 형편이 어려운 가정의 청소년도 참여할 수 있도록 최대한 참가비를 낮추고 장학 제도와 같은 숨구멍을 터놓도록 한다.

길담서원 청소년인문학교실은 그동안 길, 일, 돈, 몸, 밥, 집, 품, 힘, 눈을 주제로 열었고 앞으로 삶, 글, 앎, 땅, 불, 물, 똥, 꿈, 숨, 말 등의 주제로 열어갈 예정입니다. 한 글자 인문학교실이 끝나면 사랑, 평화, 철학, 역사, 인간, 종교, 공부 등 두 글자 주제로, 세 글자 주제로 뻗어나갈 것입니다.

『세상을 담은 밥 한 그릇』, 이 책은 2011년 봄 길담서원 청소년인문학교실에서 주영하, 송기호, 문성희, 이명원, 박성준, 정대영, 김은진 선생님이 강의한 내용을 엮은 것입니다. 밥의 역사, 우리 먹을거리가 처한 현실, 26%밖에 안 되는 식량자급률 문제, 문학 작품 속에서의 밥, 살아온 이야기와 함께하는 밥의 철학 등을 다루고 있습니다.

사람이 정상적인 삶을 유지하는 데 의식주는 반드시 필요합니다. 그 중에서도 밥이 으뜸으로 중요합니다. "밥 먹었니?"라는 말이 인사말이 된 것은 밥이 그만큼 중요하기 때문입니다. 따라서 밥은 맛있게 먹어야 합니다. 밥을 맛있게 먹으려면 내 몸이 건강해야 합니다. 건강한 삶이란 몸과 마음과 정신이 모두 건강할 때 가능합니다. 여러분의 몸이 아프거나 걱정과 고민이 있다면 아무리 진수성찬을 차렸어도 맛있게 먹을 수 없을 것입니다. 평소 밥을 맛있게 먹고 있지 못하다면, 내가 건강하게 잘 살고 있는가? 깊이 생각해볼 문제입니다.

또 다른 문제는 먹을 것이 남아도는 지구상에 아직도 제대로 먹지 못하는 사람들이 많다는 사실입니다. 한쪽에 식량이 쌓여 있어도 그것을 나눌 수 있는 지구마을의 시스템이 없기 때문입니다.

다음으로 생각해야 할 것은 우리 농업을 지켜야 한다는 것입니다. 한 공동체가 유지되기 위해서는 그 구성원에게 안전한 먹을거리를 지속적으로 제공할 수 있어야 합니다. 그런데 우리나라 식량자급률이 26%라고 합니다. 74%의 식량을 해외에서 들어와야 한다는 것은 많은 위험을 안고 있습니다. 기후와 환경의 변화로 농산물 수출국의 생산량이 급격히 줄어들면 그 나라의 농산물은 자국민에게 공급하게 됩니다. 오직 식량이 남을 경우에만 수출하기 때문에 우리나라처럼 식량자급률이 낮고 해외의존도가 높은 나라는 타격을 면할 수 없습니다. 식량가격이 치솟으면 식량자급률이 낮은 나라의 가난한 사람들이 더 큰 고통을 겪게 됩니다.

뿐만 아닙니다. 74%의 식량을 해외에 의존한다는 것은 오염된 채소나 고기 등 위험한 식품이 우리 밥상에 오를 가능성이 74%나 된다는 것입니다. 지금도 가공식품의 경우 우리 몸에 해로운 GMO 식품이 주를 이루고 있습니다. 게다가 미국산 광우병 쇠고기와 후쿠시마 핵발전소 사고로 방사능에 오염된 일본산 농산물이나 어산물이 수입되어 밥상에 오를 수 있습니다. 이것은 먹을거리의 74%를 수입식품에 의존하는 나라에 사는 사람들이 겪는 심각한 문제입니다.

이렇게 소중한 우리 먹을거리가 위험에 처해 있습니다. 우리 몸에 좋은 먹을거리는 자연스럽게 자란 우리 농산물인데 그런 먹을거리를 만나기 힘든 시대가 된 것입니다. 농사를 짓기 위해 없어서는 안 될 것이 땅과 물 그리고 씨앗인데 들녘에 논과 밭은 점점 줄어들고 물은 오염되고 토종종자는 찾아서 보호해야 할 실정입니다. 따라서 우리가 먹는 음식들은 보이지 않는 곳에서 보이지 않는 손에 의해 가공되어 우리 밥상에 오르고 있습니다.

미국, 프랑스, 캐나다 등 선진국들은 자국의 식량자급률을 100% 이상으로 유지하는 데 비해 우리나라는 OECD 가입국 중 식량자급률이 가장 낮다고 합니다. 이런 문제들은 민주주의와 관계가 깊습니다. 우리는 어떤 정치가와 정당이 안전한 먹을거리와 충분한 식량자급률을 확보할 수 있는 농업정책을 세우고 있는가를 따지고 감독해야 하며 도시와 농촌이 먹을거리 연대를 적극적으로 실천해야 합니다. 도시에 사는 사람들이 마트에서 때깔 좋은 채소와 과일만 고른다면 농민들은 농약을 치지 않을 수 없게 됩니다. 도시 소비자가 책임 있게 먹어야 농민이 신선하고 오염되지 않은 먹을거리를 지속적으로 책임 있게 공급할 수 있습니다.

마지막으로 중요한 것은 밥이 세상 만물과 어떻게 연계되어 있는가를 아는 것입니다. 농업은 바람과 물과 햇볕과 흙속에 사는 미생물과 박테리아의 도움이 없이는 유지될 수 없습니다. 그야말로 자연과 인간의 공동작품이지요. 우리는 음식을 먹을 때 자연에 감사하고 땀 흘려 가꾼 농부에게 감사해야 합니다. 그리고 나의 입에 밥이 들어갈 수 있도록 노동하신 부모님께 감사하고 음식을 만든 손길에 감사해야겠습니다.

이 책이 우리의 먹을거리가 처한 현실을 알고, 평등하게 밥을 나누는 정의의 문제를 고민하는 작은 계기가 되기를 바랍니다. "내가 선택한 밥상이 세상을 바꾼다"는 말씀을 기억해주었으면 합니다.

2013년 1월
길담서원 서원지기 박성준, 이재성

차례

밥에 숨겨진
달콤 쌉싸름한 이야기

주영하

대학에서 사학을, 대학원에서 문화인류학을 공부했다. 현재 한국학중앙연구원 한국학대학원 민속학 전공 교수로 있다. 1990년대 이후 한국 · 중국 · 일본의 음식 문화에 관심이 많아 꾸준히 현지 조사를 수행했으며, 여러 매체에 동아시아 음식의 역사와 문화에 대한 글을 쓰고 있다. 지은 책으로『김치, 한국인의 먹거리』, 『음식전쟁 문화전쟁』, 『차폰, 잔폰, 짬뽕』, 『맛있는 세계사』, 『음식 인문학』 등이 있다.

반갑습니다, 주영하라고 합니다. 여러분, 아이가 세상에 태어나서 제일 먼저 하는 말이 뭐지요? 네, '응애', '음음'입니다. 엄마라고 하는 말, '음' 혹은 '마'라고 하는 말은 전 세계가 거의 똑같습니다. 러시아도 마마, 중국도 마마. 이게 밥 달라는, 배고프다는, 혹은 내가 힘들다는 뜻입니다. 태어나서부터 먹는 것에서 출발하는 겁니다. 여러분이 이렇게 인문학 수업을 듣는 이유도 다 먹고사는 데 도움이 되기 위해서이죠?

태초 인류는 삶 전체, 하루 24시간을 먹기 위한 재료를 구하는 데 썼다고 볼 수 있습니다. 오늘날 사람들은 너무나 쉽게 먹기 때문에 내가 먹는 음식이 어디서, 어떤 과정을 밟아서 왔는지, 내가 저 음식을 즐겨 먹는 역사적인 배경은 무엇인지에 대해 관심을 갖기 힘듭니다. 주로 맛있는 것이 뭘까에 관심이 많지요. 그러다 보니 우리가 먹고 있는 음식들, 먹고 싶은 음식들, 먹고 싶지 않은 음식들 각각에 굉장히 오래된 경험과 역사가 축적되어 있다는 사실을 간과하기 십상입니다. 여러분이 오늘 아침에 먹은 음식에 많은 사람들이 개입되어 있고, 누군가의 권력이 투영되어 있다는 사실을 잊기 쉬워요.

음식이라는 것이 단순히 몸이나 건강을 유지하는 기본적인 요소라고 볼 수도 있습니다. 우리는 생명이기 때문에 먹지 않고는 살 수 없으니까요. 여기서 더 나아가 저는 음식이 내 입속에 들어오기까지 어떤 과정을 밟아왔는지 문학과 역사, 철학이라고 하는 인문학의 관점에서 연구하고 고민하는 일을 하고 있습니다.

밥이란 무엇인가 • • •

밥이란 무엇일까요? 표준국어대사전을 보면 밥이라는 말에는 크게 네 가지 정도의 의미가 담겨 있습니다.

첫 번째는 여러분이 알고 있는 가장 좁은 의미의 밥입니다. 쌀이나 보리 따위의 곡식을 씻어서 솥에 넣고 물을 알맞게 부어 낟알이 풀어지지 않고 물기가 잦아들게 끓여 익힌 음식을 일컫지요.

두 번째는 끼니 그 자체를 가리킵니다. 저희 어머니는 저한테 전화하면 늘 "밥은 먹었니"라고 묻습니다. 삼시 세 끼를 먹기 힘들었던 예전에는 이런 인사말을 잘 건넸어요. 인사말로 "밥 먹었냐?"라고 묻는다는 것은, "너 살아 있냐"를 확인하는 질문이자, "지금 사는 것이 살 만하냐"고 물어보는 거예요. 요새는 이런 인사말 잘 안 해요. 중국 사람들 중에는 여전히 아침 인사로 "밥 먹었냐?"라고 묻는 사람들이 꽤 있어요.

세 번째로 서로 나누어 가질 물건 중에서 각자가 갖게 되는 몫을 밥이라는 말로 빗대는 경우가 있습니다. 내 밥그릇이 크냐, 네 밥그릇이 크냐. 이런 말을 곧잘 쓰지요. 새누리당의 밥그릇, 민주통합당의 밥그릇, 통합진보당의 밥그릇, 진보신당의 밥그릇 중 누가 더 큰가? 미국의 밥그릇이 큰가, 일본의 밥그릇이 큰가? 이런 의미로 쓰이는 밥은 권력의 범위를 일컫습니다. 서구에서는 밥 대신 케이크나 파이 조각을 어떻게 나눌 것인가라는 비유로 쓰이지요.

마지막으로 "내가 네 밥이냐?"란 말에서 보듯이, 밥이란 것은 만만해서 항상 입속에 넣고 내가 장악할 수 있는 대상입니다. 남에게 눌려 지내거나 이용만 당하는 사람을 비유적으로 "쟤는 내 밥이야"라고 이야기하곤 하지요.

왜 밥+국+반찬으로 먹을까? • • •

여러분, 오늘 밥 먹었지요? 묘사를 한번 해볼까요? 숟가락이나 젓가락으로 밥을 입에 넣고 몇 번 씹다가 입속에 두고, 젓가락으로 반찬 넣고 씹다가 또 국물을 숟가락으로 집어넣죠. 이걸 카메라로 찍으면 뭐가 되나요?

청소년 : 비빔밥.

비빔밥은 멋있는 표현이고 사실은 음식물 쓰레기에 더 가깝겠죠. 초고속 카메라로 한국인들이 밥 먹는 모습을 찍으면 보기가 굉장히 민망해요. 놓고 올리고 집고……. 손이 왜 이렇게 바쁜지 몰라요. 더구나 한

CORÉE. - Bon appétit !

19세기 식사 장면

"왜 나는 밥과 반찬을 한입에 넣고 음식물쓰레기처럼, 비빔밥처럼 먹어야 맛있다고 생각할까요? 이렇게 먹는 걸 맛있다고 생각하는 사람은 한국에서 태어나서 훈련받은 사람들입니다. 일본이나 중국의 남방인 양자강 남쪽, 그리고 동남아시아, 인도 사람들도 쌀이 주식인데 우리처럼 먹지 않아요. 음식과 식습관에 사회문화적인 맥락이 담겨 있는 것입니다." (사진 제공: 명지전문대 커뮤니케이션디자인학과 백성현 교수)

손만 쓰지요. 서유럽이나 미국 사람들은 양손을 다 씁니다. 우리는 왜 이런 식으로 먹게 되었을까요?

한국에 처음 온 외국인들에게 한국의 식단을 주면 처음에는 굉장히 고민스러워 해요. 자기들 방식대로 하면 국이 스프 같으니까 국을 먼저 먹죠. 국을 한 번에 다 먹고 나면, 채소를 샐러드라고 생각하고 먹습니다. 여러분은 밥을 한입 넣고 스프를 국물처럼 떠먹을 거예요. 먹는다는 것은 문화와 나라마다 나름의 코드가 있습니다. 그 코드에 따라서 익혀온 습관이 달라져요.

여러분이 학교에서 급식할 때 사용하는 식판을 생각해봅시다. 왜 식판은 밥칸 하나, 국칸 하나, 반찬칸 서너 개로 나뉘어 있을까요? 국칸은 왜 오른쪽에 있을까요? 왜 쇠로 된 숟가락, 젓가락을 사용해서 밥을 먹을까요? 그런 생각 안 들어요?

맞은편 자료는 지금으로부터 120년 전인 1890년대에 찍은 조선인의 사진입니다. 보다시피 비쩍 말랐고요. 요새 한국인과는 다르게 광대뼈가 튀어 나왔습니다. 왜 광대뼈가 나왔을까요? 고기를 먹어서? 아니에요. 섬유질을 많이 씹어 먹어서 그렇습니다. 채소, 나물, 뻑뻑한 쌀을 씹어 먹어야 했기 때문이죠. 지금 우리가 먹는 쌀은 부드러운데 옛날 쌀은 뻑뻑해서 아주 열심히 씹어야 했습니다. 현미밥을 생각하면 돼요.

밥상을 한번 볼까요? 밥그릇에 밥이 굉장히 높게 담겨 있어요. 지금 한국 사람은 한 끼에 120g의 밥을 먹습니다. 사진 속의 조선인은 420g의 밥을 먹었습니다. 지금 먹는 쌀과 전혀 다른 밥이었어요. 국그릇은 훨씬 더 크죠? 그에 비해 반찬은 양이 굉장히 적습니다.

밥을 먹기 위해서는 반찬의 맛이 짜거나 매워야 합니다. 짠 게 제일

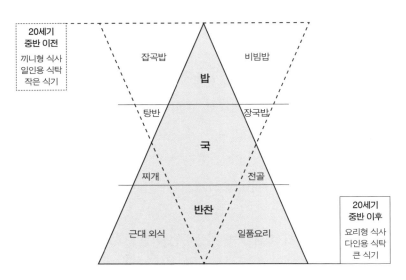

한국 음식의 역사문화적 구조

중요하겠죠. 짠 걸 같이 섞어 먹어야 탄수화물이 맛있고 소화가 잘돼요. 20세기 중반 이전의 한국 사람들이 먹어왔던 일반적인 식사를 양으로 따지면 밥과 국이 양이 많고 반찬은 조금이에요. 요새 여러분은 밥을 조금 먹고 반찬을 많이 먹습니다.

한국인은 오랫동안 밥을 주식으로 삼아왔습니다. 밥 중에서도 쌀밥을 주로 많이 먹고 싶어 하는데, 옛날에는 쌀밥이 많지 않았기 때문에 여러 곡물을 섞어서 먹었어요. 왜 나는 밥과 반찬을 한입에 넣고 음식물쓰레기처럼, 비빔밥처럼 먹어야 맛있다고 생각하는가? 이렇게 먹는 걸 맛있다고 생각하는 사람은 한국에서 태어나서 훈련받은 사람들입니다. 일본이나 중국의 남방인 양자강 남쪽, 그리고 동남아시아, 인도 사람들도 쌀이 주식인데 우리처럼 먹지 않아요. 음식과 식습관에 사회

문화적인 맥락이 담겨 있는 것입니다.

한국식 패스트푸드, 비빔밥과 국밥 •••

밥을 편하게 먹는 한국인만의 방식이 있습니다. 밥과 반찬을 한 번에 간단하게 먹을 수 있도록 개발한 것. 바로 비빔밥입니다. 1910년까지만 해도 비빔밥은 비벼서 뜨거운 솥뚜껑에 볶아 먹었어요. 생선, 계란지단 등을 위에 올리기도 했고요. 기름은 안 넣었지만, 간장으로 소스를 치고 고춧가루를 뿌리기도 했습니다. 요새는 밥에 나물, 고기, 고명, 양념 등을 넣고 쓱싹쓱싹 비벼서 먹습니다.

밥과 반찬을 간편하게 먹는 방식이 비빔밥이라면, 국과 밥을 간편하게 먹도록 개발한 것이 바로 국밥입니다. 19세기 후반의 자료를 보면 설렁탕은 서울 음식으로 가장 으뜸에 들었습니다. 일본인 중에서 설렁탕집을 보고 소 한 마리를 솥에서 끓인 쇠고기 스프라고 묘사한 사람도 있었지요. 아마도 설렁탕은 조선시대 한양의 성균관에 고기를 납품했던 반인들이 개발한 음식이 아니었을까 싶습니다. 사람들은 뜨끈뜨끈한 국물에 밥을 넣어서 부드러워지면 훌쩍 마셔서 먹었습니다. 거기에 김치를 넣고 먹었죠. 이른바 국밥은 햄버거 같은 패스트푸드, 간편식이었습니다.

밥과 국이 만난 게 국밥, 밥과 반찬이 만난 게 비빔밥입니다. 이렇게 밥을 많이, 국밥이나 비빔밥같이 여러 가지 편한 방식으로 먹다가 지금은 예전에 비해 밥을 훨씬 적게 먹습니다. 떡볶이, 삼겹살구이 같은 새로운 음식도 많이 생겼고요. 여러분이 오늘날 즐겨먹는 한국 음식이라고 생각하는 것들은 사실 역사가 오래되지 않았습니다.

입식 문화권, 분식 문화권 •••

밥은 쌀가루를 내서 먹는 게 아니죠. 곡물 낟알 그대로에 물을 집어넣고 뜨거운 물로 부풀려서 익게 만드는 것입니다. 밀가루는 다릅니다. 밀가루가 주재료인 빵은 밀을 가루로 내어 만든 음식입니다.

　곡물 알갱이 그대로 스팀을 해서 찌거나 삶는 것은 한자로 입식(粒食)이라고 합니다. 가루로 내어 먹는 것은 분식(粉食)이라고 해요.

　입식 밥을 짓는 것은 무쇠로 만든 솥에 물을 붓고 밥을 넣어서 부풀어 오르게 하는 방식입니다. 전기밥솥이 없던 시절에는 밑에는 타고, 가운데는 익고, 위에는 설익은 삼층밥을 짓는 초보 주부들이 있었습니다. 원리를 모르기 때문에 삼층밥을 짓는 것인데요. 밥을 지었는데 위가 좀 덜 익었다고 하면 빨리 저어서 물을 붓고 다시 끓이면 됩니다. 이게 스팀 방식이에요. 물을 넣고 삶는 방식이죠. 그런데 입식을 하면 간을 맞출 수가 없습니다. 소금을 넣고 밥을 지어보세요. 쌀 알갱이 속으로 소금이 배어들지 않습니다. 반면 가루를 내면 반죽해서 뭉칠 때 소금 따위를 넣어서 간을 맞출 수 있습니다.

　쌀밥을 먹는 사람은 반드시 반찬이 필요합니다. 밥에 반찬을 넣고 같이 씹어야 돼요. 아니면 인도 사람들처럼 다양한 커리를 올려놓고 간을 맞춰서 같이 먹어야 하죠. 그런데 가루로 내어 먹는 사람들은 사실 반찬이 많이 필요하지 않습니다. 국수나 우동, 라면에는 면 안에 이미 간이 배어 있습니다. 그러니까 분식은 그 자체로 그냥 먹을 수 있는 음식

© 연합뉴스

"빵이나 국수 같은 분식(粉食)을 주로 먹는 문화권에서는 반찬이 많이 필요하지 않습니다. 그릇 하나에 완성되어 있는 음식이기에 다른 밑반찬이 거의 필요 없죠. 반면 쌀밥을 먹는 입식(粒食) 문화권에서는 반드시 반찬이 필요합니다. 그 반찬을 누가 준비하나요? 집에서 가정을 지키는 사람들이 준비합니다. 그래서 입식 문화권에서는 여성에게 음식 준비에 대한 부담이 상대적으로 굉장히 많습니다."

입니다. 그릇 하나에 완성되어 있는 음식이기에 다른 밑반찬이 입식에 비해 거의 필요 없습니다.

입식을 하는 음식문화와 분식을 하는 음식문화의 가장 큰 차이는 방금 이야기했듯이 반찬에 있습니다. 한국인은 주로 입식을 하기 때문에 여러 가지의 반찬이 필요합니다. 그 반찬은 누가 준비하나요? 집에서 가정을 지키는 사람들이 준비해야 됩니다. 그래서 입식 문화권에서는 여성에게 음식 준비에 대한 부담이 상대적으로 굉장히 많습니다.

분식은 남자도 쉽게 할 수 있습니다. 수타 칼국수를 하면 반죽할 때 힘이 많이 들기 때문에 여성보다 남성이 해야 할 일이 많고요. 베이징에 가면 남자들이 시장바구니를 들고 장을 보러 다니는 모습을 흔하게 봅니다. 부엌에서 남자들이 국수나 점심 준비를 자연스럽게 해요. 분식은 조리법이 복잡하지 않습니다. 국수 끓이는 방법은 굉장히 간단합니다. 면을 사거나 만들어서 육수 낸 국물에 삶고 그 위에 볶은 채소를 올리면 끝납니다.

말하자면 분식을 주로 먹는 문화권에서는 음식 준비에 주부의 역할을 강조하지 않는 편입니다. 19세기 유럽의 가정에서 빵을 만드는 일은 남성과 여성이 함께했습니다. 그런데 밥 짓고 반찬 만드는 일은 여러 명이 모여서 할 필요가 없어요. 쌀 재배나 농사는 여럿이 함께해도 말이지요. 입식 문화권에서는 밑반찬을 어딘가에 준비해둬야 하고, 김장해야 되고…… 음식 준비에 들어가는 일이 많기 때문에 여성이 남성에게 종속되는 경향이 있습니다.

벼가 좋아하는 기후 •••

우리는 쌀 위주의 식사를 하고, 쌀로 만든 옛날 음식도 굉장히 많습니다. 떡, 식혜, 약식, 술, 고추장, 숭늉을 한번 생각해보세요. 쌀이 없으면 만들지 못하죠. 이건 굉장히 불행할 수도, 좋을 수도 있는 일이에요. 왜 이런 이야기를 하느냐고요? 이제부터 한국인이 쌀을 먹게 된 기나긴 이야기를 들려드리려 합니다.

전 세계에 벼를 가지고 쌀밥을 주식으로 먹는 나라가 어디어디가 있을까요? 아시아에서는 한국, 중국, 북한, 일본, 타이완, 인도네시아, 베트남, 인도 등이 있습니다. 아시아 밖에는 포르투갈 사람들이 쌀밥을 주식으로 먹습니다. 덮밥 같은 것 말이죠. 아프리카 가나에도 쌀을 주식으로 하는 부족들이 많이 있습니다.

벼는 한 가지 종류가 아닙니다. 필리핀에 있는 국제벼농사연구소(IRRI)가 수집하여 보존하고 있는 벼 품종은 6만 종이 넘는다고 합니다. 그 정도로 벼의 종류가 많습니다.

벼의 원산지는 종류별로 세 군데를 꼽을 수 있습니다. 인도의 갠지스강 근처에서 나오는 인디카 계통이 있습니다. 잎이 길고 차진 성분이 지금 우리가 먹고 있는 것과는 비교가 안 될 정도이지요. 그래서 숟가락이나 젓가락으로 못 먹고 손으로 먹는 게 훨씬 편하죠. 인도 사람들이 손으로 밥을 먹는 이유 중 하나도 여기에 있습니다.

그다음으로 태국의 북부 지역과 중국의 운남성 원산지가 있습니다. 물론 이 원산지도 남방에서 올라와 타이완을 거쳐 일본으로, 우리나라 한강 쪽으로, 평양과 청천강 쪽으로 전해진 것이지요. 이게 누가 옮겨 다닌 거예요? 무역이 아니라 사람이 옮겨 다닌 것입니다.

물이 많이 필요한 물벼와 그렇지 않은 밭벼가 분화되면서 각지에서 벼는 진화를 거듭했습니다. 결국 한반도와 일본열도에 와서 자포니카 계통의 차진 쌀을 만들어내는 벼도 생겨났습니다.

사실 한반도는 벼 입장에서는 굉장히 마음에 안 드는 곳입니다. 벼는 아열대나 열대 지역에서 자라는 게 자연스럽습니다. 벼가 자라려면 비가 많이 와야 되거든요. 그래서 인도네시아나 태국, 베트남에서는 벼농사를 일 년에 서너 번씩 지을 수 있어요. 이모작, 삼모작이 가능합니다. 벼 입장에서 한반도는 추워 죽겠는데 사람들이 억지로 한반도에 데리고 가서 벼를 심었어요. 따뜻하게 해주고 논에 물을 채워 넣고 억지로 심어서 자라게 해요. 우리 조상 중 일부 사람들은 일제시기에 중국의 연변, 러시아의 중앙아시아까지 가서 벼를 심을 정도였습니다.

한반도에서 가장 큰 불행은 이처럼 한반도가 벼의 원산지가 아니라는 점입니다. 쌀은 한반도 기후에 안 맞는데 맛이 있어요. 한반도가 원산지인 작물로는 보리, 수수, 피, 조 등이 있습니다. 밀농사는 한반도에서 거의 되지 않아요. 겨울 밀은 조금 되는데 그것도 품종이 바뀐 것이고요. 여름 기후가 20℃ 이상이면 밀농사가 안 되기 때문에, 밀은 툰드라 지역에서 잘 재배되는 거예요. 가까운 일본은 습기가 많은 편이라 아열대성 기후라고 봐야 합니다. 쌀농사가 잘되는 기후라고 말할 수 있어요.

제주도에서 벼농사를 지은 것도 불과 몇십 년 되지 않았습니다. 1960년대 이후 개간을 하고 기계가 들어가 땅을 만들고 품종을 바꾸면서 쌀농사가 본격적으로 시작되었는데요. 제주도 역시 본래 벼농사가 안 되는 지역이에요. 그 전에는 일부 부자들이 육지에서 쌀을 사다가 먹고, 나머지 대부분의 사람들은 메밀을 먹었습니다. 메밀은 분식으로 해서 먹는 곡물이죠. 19세기 이후에는 고구마를 주식으로 많이 먹었어요. 제주도 음식은 다 범벅이라고 하는 죽과 같은 음식이었습니다. 이건 분식을 하기 때문에 반찬이 별도로 필요가 없었다는 말이에요.

지금은 제주도에서 회를 굉장히 많이 먹는 것처럼 보이는데, 여러분 생각과 다르게 큰 바다에 있는 섬 지역에서는 쉽게 생선을 먹을거리로 먹지 않았습니다. 제주도 같은 바다는 파도가 강해서 배 타고 나가면 살아 돌아오는 경우가 희박했어요. 잠녀가 바다 밑으로 들어가서 여러 가지 해산물을 잡아왔을 뿐이지요. 서해안은 간만의 차가 있어서 돌살이나 죽방렴을 만들어놓으면 물이 빠져나간 사이에 생선이 쉽게 잡혔어요. 갯벌만 파도 해조류가 쉽게 나오죠. 대신 제주도는 메밀 위주의 분식을 먹다가 1960년대에 들어와서야 쌀밥을 먹게 되었습니다. 우리 한반도에도 분식을 먹었던 사람이 있었던 겁니다.

조선 후기에 모내기 금지령을 내린 이유 • • •

한반도에서 벼가 어떻게 확산되었을까요? 청천강 이남에서부터 시작되었는데, 벼는 물이 많이 필요한 아열대성 작물이기 때문에 강 근처, 습지 근처에서 벼농사가 시작되었습니다. 제주도에서는 벼농사를 안 지었고 메밀, 조, 수수 농사를 했어요. 벼농사가 잘되려면 물이 있어야 하기 때문에 물을 억지로 논에 가져와야 됩니다. 아니면 하늘에서 비가 내릴 때까지 기다리든지요. 다행히 7, 8월에 장마가 있긴 하지만, 어찌됐든 물을 잘 관리하는 게 중요합니다.

여러분, 모내기의 목표가 뭐죠? 수확을 많이 하는 거예요. 똑같은 면적에 벼를 심어도 모내기를 하면 수확량이 많아요. 모내기는 별도의 장소에서 벼를 일정 정도 키워서 논에 심는 것을 말합니다. 비유하자면 유치원에서 어느 정도 큰 애들을 가지고 심는 거지요. 이렇게 모판에서 키운 모들을 논에 심으면 잘 자라는데 약해요. 왜? 모유를 안 먹고 분유를 먹고 자랐기 때문이에요. (청중 웃음)

모내기가 없던 시절에는 원래 씨앗을 심었어요. 전해에 농사를 지으면서 가장 좋은 볍씨들은 밥을 지어 먹지 않고 다음 해 농사에 쓰려고 농부들이 별도로 가지고 있었어요. 봄이 되면 항아리에 볍씨를 담가요. 떠오르는 것은 상태가 안 좋으니까 버리고 가라앉는 것들만 모아두고요. 그다음 논을 갈아서 사람똥, 개똥, 소똥 모두 모아서 만든 퇴비를 논에 뿌려요. 소가 땅을 밑에서부터 완전히 엎어주고, 비가 오고 촉촉해진 상태에서 논에 물을 조금 채워 농부들이 볍씨를 뿌립니다. 그러면 어떤 볍씨는 잘못 놓여서 몇 개가 같이 붙어 있을 수 있고, 어떤 볍씨는 주변에 경쟁자가 없을 수 있겠죠. 같이 붙어 있는 볍씨는 죽기도 해요. 그래서 볍씨를 뿌릴 때와 모내기를 할 때 소위 단위면적당 수확량에 차이가 나게 됩니다.

다만 모내기를 하면 반드시 7, 8월 달에 비가 700~800mm 정도 와줘야 돼요. 너무 많이 와도 문제입니다. 밭벼의 경우, 400mm 이하가 와도 문제없이 잘 자라지만 많은 수확량을 얻지 못합니다.

모내기를 하려면, 물을 인위적으로 공급해줘야 하기 때문에 나라에서 수로를 만들어야 하고 그러려면 돈이 있어야 하겠지요. 조선 후기, 나라에서 모내기 금지령을 내리기까지 하는데요. 나라에 돈이 없어 관개시설을 갖출 수 없었고, 모내기는 비가 안 오면 농사를 다 망치기 때문에 이른바 위험한 벤처사업이라고 본 겁니다.

밭벼는 가뭄이 오고 태풍이 와도 넘어졌다가 벌떡 일어나요. 튼튼해요. 자기 스스로 땅에 뿌리를 내리고 자라났기 때문입니다. 그런데 다른 데서 키워온 모는 태풍이 왔다 가면 넘어졌다가 다시 일어서지 못해요. 튼튼한 것은 밭벼 계통, 모내기를 하지 않고 볍씨를 뿌린 거예요.

나라 입장에서 보면 밭벼가 훨씬 안정적입니다. 모내기는 한번 크게 성공할 수 있지만, 태풍이나 가뭄이 오면 실패할 위험도 커요. 그래서 나라에서 모내기 금지를 하기 시작했어요.

쌀밥을 먹기 위한 욕구가 역사를 만들었다 •••

벼농사를 짓는 농토가 많아지고 일반화된 것은 조선시대 이후인데요. 한반도의 온 역사 동안 국가나 왕실은 벼농사 짓는 농토를 확장하기 위해서 노력해왔다 해도 지나친 말이 아닙니다. 이러한 관점으로 역사를 바라보면 흥미로운 사실이 보여요. 대표적인 경우가 이런 거예요. 선덕여왕이 우경(소로 밭을 갊)을 권장하고 땅을 개간시켰다고 하는데, 이것은 벼농사를 확산하기 위해서 시도한 노력으로 볼 수 있습니다. 보리밖에 못 먹으니까 쌀을 먹게 하기 위해서 그런 것이죠. 장수왕이 고구려의 수도를 국내성에서 평양으로 옮겼는데요. 저는 이것을 쌀밥을 먹기 위해서 내려왔다고 해석합니다. 당시 국내성에서 쌀밥을 먹으려면 청천강 이남에서 재배된 벼를 말에 싣고 수십 일이 걸려 국내성까지 가야 했습니다. 많은 이들은 영토를 확장하던 고구려가 왜 평양으로 천도했을까, 왜 남쪽으로 내려왔을까 아쉬워하겠지만, 그것은 바로 쌀밥을 먹기 위해서였어요.

심지어 중국에서는 쌀밥을 먹으려고 양자강과 황하강을 잇는 운하를 파기까지 했습니다. 남방 사람이던 명나라의 주원장이라는 사람이 북경(지금의 베이징)에서 황제가 되었는데, 남방의 쌀을 먹고 싶어서 양자강에서 나는 쌀을 북경까지 수송하기 위해 운하를 건설하려 했던 겁니다. 결국 실패했지만, 이렇게 사람이 먹고자 하는 욕구가 엄청난 거예요. 우리 역사도 마찬가지예요. 쌀밥에 대한 욕구가 한국의 역사를 가져왔다고 해도 지나친 말이 아닙니다.

조선시대 사람들은 밥을 많이 먹기로 유명했습니다. 조선 중기 학자, 오희문(1539~1613)은 임진왜란 때 써내려간 일기인 『쇄미록』을 남겼습니다. 그 기록을 보면, 전쟁 시기임에도 한 끼에 7홉의 쌀로 밥을 지어 먹었다고 쓰여 있습니다. 7홉은 420g에 버금가는 양이에요. 지금으로 치면 세 끼에 걸쳐 먹는 쌀을 한 번에 먹었다는 말이지요.

이익(1681~1763)이 쓴 『성호사설』을 보면 '식소(食少)'라는 대목이 나옵니다.

"우리나라 사람들이 다식(多食)에 힘쓰는 것은 천하에서 으뜸이다. 최근 표류되어 유구(琉球, 현재의 오키나와)에 간 자가 있었는데, 그 나라의 백성들이 너희의 풍속은 항상 큰 주발과 쇠숟가락으로 밥을 떠서 실컷 먹으니 어찌 가난하지 않겠는가 하고 비웃었다고 한다."

적게 먹어서 자연과 일치해야 한다고 믿었던 이익은 식소(食少), 즉 적게 먹는 것을 강조했습니다. 19세기 말 한반도에 왔던 프랑스 선교사 역시 당시 조선 사람들을 두고 '아시아의 대식가'라고 불렀습니다. 그렇다면 조선 사람들은 왜 밥을 많이 먹었을까요? 가난했기 때문에 밥을 많이 먹었다? 쌀밥을 많이 먹기 위해서 목숨을 걸었다? 여러분은 어떻게 생각하나요?

쌀밥을 많이 먹기 위해서 목숨을 건 것이 더 강력할 수 있습니다. 나라에서 벼농사 짓는 것에 투자를 많이 한 거예요. 쌀 생산에만 집중하니까 돈이 되는 다른 산업에 소홀했던 겁니다. 당시 성리학자들은 자연과 일치하고, 자기 문중을 위주로 작은 공동체에서 편안하게 살고자 하는 욕구가 있었기 때문에 국가의 경제적인 측면에 대해서 고민은 많이 했어도 실천으로까지 이어지지 않았습니다. 결국 나라에서 밥을 다식하는 데 목표를 삼았던 거예요.

유학의 조상 제사와도 깊은 연관이 있습니다. 생전에 잡수시던 그대로 제사상을 차리는 격식은 송나라 유학자 주희가 정리한 책으로 알려진 『가례(家禮)』에 강조되어 있습니다. 송나라 때 중국의 한족들은 곡물로 지은 밥과 함께 밀가루로 만든 면(麵)을 주식으로 즐겨 먹었습니다. 주자의 『가례』에서도 조상 제사에 올리는 중요한 제물 중에서 주식으로 반(飯, 밥), 탕 그리고 면을 꼽았어요. 문제는 한반도에서는 밀농사가 잘되지 않는다는 것이죠. 결국 밥의 재료 중에서 쌀에 집중하여 농사를 지을 수밖에 없었던 성리학의 이데올로기가 있었습니다. 쌀에 대한 절대적인 믿음은 조선시대 후기 세금도 쌀로 내게 한 대동법에서 찾아볼 수 있습니다.

쌀은 조상을 뜻하기도 하는데, 제사를 올릴 때 밥이 꼭 중심에 올라가죠. 쌀밥을 올릴 수 없는 가난한 장남은 조상을 표시하는 위패를 가슴에 넣고, 쌀 파는 싸전에 혼자 가서 "아버지 쌀밥 많이 잡수세요" 하고 절을 두 번 올렸다고 합니다. 조상은 쌀밥으로 모셔야 한다는 믿음이 있었어요.

한반도에 산 사람들이 오랫동안 믿어온 종교 중의 하나인 무속에서도 밥은 중요했습니다. 죽은 조상의 혼령을 모시는 굿을 할 때 쌀밥이 중심에 놓여요. 지금은 사라진 민간신앙인데, 50년 전만 해도 햅쌀을 흰 함지에 싸서 대들보에 묶어놓는 풍습이 있었습니다. 햅쌀은 집안을 지켜주는 가장 큰 신인 성주신령을 상징하거든요. 민간신앙, 샤머니즘, 무속에서도 쌀은 굉장히 중요했습니다. 이렇듯 쌀은 조상이면서 살아 있는 사람에게는 생명이에요. 심지어 일제시기 만주로 가는 사람들이 쌀밥을 먹으려고 볍씨를 들고 갔을 정도입니다.

왜 쌀이 사람들에게 인기가 있었을까요? 보리는 거칠어서 꼭꼭 씹어야 하지만, 쌀밥은 그렇지 않아요. 또 쌀밥은 전분이 호화(전분에 물을 넣고 가열하면 전분입자가 깨져 부드러운 상태가 되는 것)되어 소화가 잘 되고 맛이 좋습니다. 그런 쌀이 풍족한 적이 없었고 언제나 부족했습니다. 쌀밥을 먹고 싶은 욕망이 굉장히 강했기에 많이 생산해야 했죠. 보리밥은 춘궁기나 보릿고개가 생기면 어쩔 수 없이 먹었던 밥이었지 먹고 싶은 밥은 아니었습니다.

일본쌀 품종, 조선에 건너오다 •••

지금 우리가 먹는 쌀은 옛날부터 한반도에서 적응하면서 성장해온 것이 아닙니다. 15세기에 많이 재배했던 쌀은 밭벼 3품종, 논벼 24품종으로 종류가 다양했지만, 지금은 전부 다 메이지유신 이후에 일본에서 개량된 쌀입니다.

1890년대 들어 한반도의 쌀을 일본인이 수입해갔습니다. 지금의 북한인 서해안의 연백평야부터, 강화도, 전라북도 영광 북쪽의 쌀을 인천의 제물포 양곡 관리소에서 일본인이 사갔어요. 일본 사람들이 조선에 와서 보니까 쌀맛이 일본 쌀맛까지는 안 되는데 그래도 괜찮은 편이거든요. 일본 국내 가격에 비해서 조선의 쌀값이 10%밖에 안 되었기 때문에, 당시 쌀을 자급자족 못 했던 일본이 조선의 쌀을 사갑니다. 그리고 거기서 이익을 보죠.

어찌 보면 지금 한국에서 중국의 싼 농산물을 수입하는 과정과 비슷해요. 이런 일이 1890년대 이후 한반도와 일본 사이에서도 있었습니다. 조선쌀의 일본 수출은 서해안 일대의 농토가 확장되고, 섬을 개간해 농토로 만드는 과정을 거쳐 식민지시대까지 계속 이어지죠. 지금도 군산에 가면 일본인 농장주가 대규모로 논농사를 지은 흔적이 건물로 남아 있습니다. 그러한 과정에서 1912년 자연스럽게 소출량이 훨씬 많은 일본벼 품종이 조선에 들어왔습니다. 품종계량을 했기 때문에 단위면적당 소출량이 조선벼에 비해서 일본벼 품종이 훨씬 좋았거든요. 일본 사람들이 우리를 착취하기 위해서 조선벼를 없애고, 일본벼를 뿌렸다? 그렇게만 생각할 수는 없습니다. 일본상인에게 팔면 돈이 되는 것을 아는 조선인 지주들 중에서 스스로 수확량이 많은 일본벼 품종으로 바꾸기도 했죠. 당시 그렇게 일본벼로 농사를 지으면서 일본에 팔아 번 돈으로 토지를 사서 농토를 늘려 부자가 된 조선인들도 많이 생겼습니다.

정리하자면, 일제시대 때 소출량(수확량)이 많은 일본쌀이 한반도에서 재배되었고, 결국 오늘날 우리 땅에 자라는 벼 품종은 거의 모두 일본벼에서 유래한 것이 되었습니다. 참 불행한 일이지요. 1920년 한반도에 일본벼가 전체 벼의 53%를 차지했는데 1935년이 되면 82%까지 일본쌀로 바뀝니다. 1930년대부터는 일본이 전쟁 준비를 하면서 일본이나 조선이나 배급제를 하게 되고, 조선 사람들은 보릿고개를 겪어요. 봄이 되면 먹을 게 없어서 나무줄기나 뿌리, 나무 진액, 심지어는 흙으로 밥을 먹기도 했지요. 지금의 북한과 비슷했어요.

해방 이후 쌀의 역사 • • •

백성들이 굶주릴 때 어떻게 대처할 것인지는 고려시대, 조선시대 때도 나라 차원의 큰 문제였습니다. 아메리카 대륙이 원산지인 옥수수, 감자, 고구마가 한반도에 들어와서 확산된 배경에는 굶주린 백성들을 먹이기 위해서 나라와 지식인들이 나서서 빨리 보급시킨 이유도 있었지요. 독일도 이런 이유로 외래 작물인 감자를 받아들였습니다. 그런데 조선 사람들은 쌀에 대한 욕구가 아주 강해서 쌀을 어떻게든 많이 먹이자는 게 해방 이후의 목표가 됩니다.

1960년대 박정희 대통령은 쌀의 자급자족을 이루려고 기존에 많이 심었던 일본쌀 품종인 아끼바리(일반미) 대신 통일벼를 전국적으로 심게 합니다. 통일벼는 국제벼농사연구소에서 개발한 남방 인디카 계통의 쌀에다가 일본 품종의 일반미를 교배하여 1971년에 농촌진흥청에서 개발한 쌀이에요.

1970년대 통일벼 보급이 있기 전, 1962년 농림부에서는 절미운동이란 것을 실시했습니다. 일제시기에도 있었던 운동인데, 이틀에 한 번씩은 밀가루 음식을 먹자는 혼분식 장려운동을 말합니다. 당시 일반 가정에서 이틀에 한 번씩 수제비 같은 밀가루 음식을 먹고, 시장에서 쌀을 파는 업자는 쌀을 팔 때 잡곡(보리) 20% 이상을 섞어서 팔아야 했습니다. 어기면 세금을 내거나 잡혀가기도 했지요. 음식점에서도 잡곡 20% 이상을, 국에는 20% 이상의 국수를 넣게 했습니다. 설렁탕에 밀국수가 들어가는 게 이런 이유 때문이에요. 밀가루가 쌀과 보리보다 영양가가 높다는 캠페인 영상을 만들어서 영화관에서 영화 시작하기 전 애국가와 대한뉴스 나온 다음에 틀어주기도 했답니다. 밀가루를 먹으면 서양 사람처럼 키가 커지고, 쌀밥만 먹으면 삐쩍 말라서 왜놈처럼 된다는 식의 이야기가 나온 것도 이때입니다.

이런 밀 장려운동이 왜 생겼을까요? 미국이 문제예요. 미국은 1940년대에 농업의 기계화에 성공해서 대규모로 밀농사, 옥수수농사를 짓게 되었습니다. 농민 한 사람이 엄청나게 넓은 땅에 밀가루, 옥수수를 대량으로 재배하게 되었죠. 그즈음 미국은 2차 세계대전에 참여했지만, 미국 땅은 결코 전쟁판이 아니었습니다. 유럽 본토가 전쟁터였죠. 서유럽의 농토가 황폐화된 상황에서 미국은 남은 밀을 싼 값에 프랑스와 독일에 줍니다. '말 잘 들어' 하면서 말이지요. 그렇게 2차 세계대전을 기점으로 미국은 새로운 세계 제국이 되었어요. 그런데 프랑스와 독일이 2년 만에 농업을 회복시킵니다.

미국 입장에서는 넘쳐나는 밀을 소비해줄 데가 없어 문제가 됩니다. 그런데 1950년 6월 25일에 한국전쟁이 일어나요. 이후 남한에 미군이 주둔하면서 미국 정부가 우리나라에 밀을 무상으로 뿌렸지만 6·25 전쟁도 끝이 납니다.

당시 미국의 농촌에서는 밀과 옥수수 생산이 너무 많이 돼서 창고도 모자라 길가에 쌓이고 있었습니다. 농민들이 아우성을 치고 문제를 제기하자, 미국 정부가 일본과 밀약을 하죠. 같은 시기 일본은 한국전쟁 때문에 경제가 갑자기 치고 올라가고 있었습니다. 한반도의 전쟁 시기에 일본이 먹을거리를 제공하는 보급창고로서 장사를 했기 때문에 패전국인 일본 경제가 갑자기 좋아진 거였어요. 당시 오키나와와 오키나와 북쪽의 아마미오오시마라는 섬은 미국이 점령하고 있었는데요. 미국은 일본에게 아시아의 맹주가 되라고 치켜세우는 분위기를 연출하면서, 별 쓸모없는 아마미오오시마를 일본에게 줍니다. 단, 일본이 미국에서 밀수입을 왕창 하는 조건이 붙었습니다. 일본은 학교 급식에 밀로 된 음식들을 고정적으로 배치하고, 식품영양학자들이 밀로 된 음식을 많이 먹으면 영양에 좋고 건강이 좋아진다고 사람들에게 캠페인을 벌입니다. 국가가 후원한 캠페인이었지요. 1960년대 그때부터 일본에서는 도쿄나 오사카 등 제법 오래된 부자동네를 시작으로 학교 급식을 실시합니다. 스파게티, 카레 국수, 밀가루, 식빵을 적극적으로 많이 먹게 되었고요. 이러한 캠페인 때문에 일본인의 입맛이 급격하게 바뀝니다.

우리도 마찬가지였습니다. 미군정 시절부터 1970년대까지 밀가루, 옥수수 같은 식량을 미국에게 원조 받았어요. 한국전쟁 때는 미군이 밀가루, 설탕 등을 무상으로 나눠주었고요. 그 후로도 밀을 거의 공짜로 먹다시피 했습니다. 제가 초등학교 다닐 때는 수업이 끝나고 60명 급우 앞에서 국민교육헌장을 외우는 사람한테 학교에서 식빵을 한 덩이씩 줬습니다. 저는 거의 매일 식빵을 집에 가져갔지만, 아주 안 좋은 경험이었죠. 그 기억 때문에 지금도 식빵을 안 좋아해요. 수제비, 밀국수, 빵 이런 것들을 우리가 쉽게 먹을 수 있게 되었는데, 과연 누구를 위해서였을까요? 바로 미국의 농민들을 위해서였습니다.

그러나 한국 사람들은 일본 사람들보다 훨씬 쌀밥을 중요하게 생각하다 보니 혼분식 장려 운동을 나라에서 강제로 실시해도 잘 안 됐어요. 결국 통일벼로 1979년에 쌀의 자급자족이 이루어졌습니다. 그 전에는 쌀이 부족해서 베트남에서 안남미(월남미)를 수입해 먹었거든요. 통일벼가 맛이 없어서 밥맛은 떨어졌지만, 모든 국민이 150g씩 한 끼에 먹을 수 있게 되었습니다.

쌀밥의 자급자족으로 쌀밥을 배불리 먹게 된 대신, 잃어버린 게 너무 많습니다. 나머지 농산물들이 사라져버렸어요. 예전에는 쌀농사를 지으면서 옆에 있는 논두렁에 콩을 심었습니다. 그 콩으로 메주를 담가서 간장과 된장을 만들고, 남으면 두부를 해먹었지요. 우리가 먹을 만큼은 생산이 되었는데, 지금은 콩 자급률이 10%가량밖에 되지 않습니다. 모든 농지를 벼농사를 대규모로 짓는 곳으로 개량하다 보니 다른 작물은 재배하지 않습니다. 2008년 자료에 의하면 밀 자급률은 0.8%, 콩 자급률은 8.7%에 지나지 않는다고 하지요.

나라마다 자신의 땅에서 나는 식량용 곡물을 얼마나 자급하느냐를 파악하는 식량자급률이라는 것이 있습니다. 불행하게도 우리나라는 그 자료가 정확하게 알려지지 않아요. 그나마 공개된 자료에 의하면 우리나라 식량자급률이 2002년에는 28%, 2008년에는 25.3%였습니다.

2008년 통계에 의하면, 서유럽의 프랑스는 203%, 덴마크는 136%, 영국은 113%, 독일은 106%라고 해요. 북아메리카의 미국은 172%, 캐나다도 147%입니다. 호주는 무려 416%라고 하네요. 이에 비해 스위스는 50%, 포르투갈은 27.7%, 네덜란드는 21.2%에 지나지 않아요. 일본 역시 22.4%라고 하니 우리와 처지가 비슷하지요.

식량자급률 25.3%. 이 초라한 성적표는 그나마 쌀 덕분입니다. 쌀만 95%가 넘는 자급률을 자랑하고 있으니까요. 그러나 나머지 식량은 거의 대부분 외국에서 수입하는 실정입니다. 더불어 도시화와 산업화가 진행되면서 농촌의 위기와 피폐화는 점점 심각해지고 있습니다.

한국적인 것의 오해와 진실 • • •

놀랍게도, 우리는 1988년 서울올림픽을 계기로 '우리 것', '한국 음식'에 관심을 갖게 되었습니다. 19세기 중반부터 100여 년 동안 한반도는 한국적인 것을 남에게 설명해본 적이 별로 없었습니다. 다른 나라 사람들이 수시로 들어왔고, 천주교나 기독교 같은 종교도 유입되었는데, 가난하고 힘이 없었던 조선은 남에게 스스로를 설명하지 못했죠. 이질적인 문화를 처음 맞닥뜨렸을 때 겁이 나고 두려움이 앞섰던 거예요. 그러는 과정에서 식민지가 되고 한국전쟁을 겪은 뒤, 여러분의 할아버지 할머니 세대가 경제개발을 하겠다고 열심히 사셨어요. 식민지를 경험한 데다 한국전쟁 이후 미국의 힘에 의해 움직이다 보니, 많은 사람들이 기독교, 서구 이데올로기를 최고의 가치로 여겼습니다. 서유럽 사람처럼, 미국 사람처럼 사는 게 잘 사는 것이라고 생각했죠. 제가 어린 시절에는 도시락 반찬으로 누군가 소시지를 싸오면 선망의 대상이 됐어요. 혹여나 김치 국물이 흘러서 가방 안에 냄새가 퍼지면 굉장히 창피해했고요.

권력을 가진 사람들, 엘리트들도 기존의 우리 것을 버리고 개조를 하는 방향으로 나라를 이끌어갔습니다. 최남선 선생이 민족개조운동을 한 것도, 박정희 대통령이 새마을운동을 한 것도 그런 개조의 목표가 있었습니다. 그러다 1986년 아시안 게임, 1988년 서울올림픽을 개최하면서, 그동안 무시하고 중요하다고 생각하지 않았던 것들, 바로 '우리 것'을 외국인에게 소개하는 입장이 되었습니다. 왜냐하면 외국 사람들은 자기들 문화와 다른 것, 이질적인 것에 관심이 많으니까요. 갑자기 외국인이 김치를 칭송하는 분위기가 조성돼요. 그동안 김치, 된장이 안 좋다고 생각했던 한국인들이 당황스러움을 숨기고 우리 것이 좋다고 이야기하죠. 지금은 급식에 김치 안 나오는 경우가 없죠? 급식이나 캠페인을 통해 한국 사람이면 누구나 할 것 없이 반드시 김치를 먹어야 한다는 생각을 강요하기 시작한 것도 바로 이때부터입니다.

한식은 다 좋다? 아니에요. 김치가 좋다고 해서 밥은 적게 김치만 많이 먹으면, 위궤양, 위염, 잘못하면 암에 걸려요. 김치는 밥과 같이 먹을 때 가장 맛있는 반찬입니다. 요새 한식 세계화한다고 많은 사람들이 노력하는데, 제가 아는 베트남 학생은 이런 이야기를 해요. 한국인들이 베트남 하노이에 와서 한식을 선전하는데, 자기들 느낌에는 식민지 침탈을 당하는 것 같대요. 베트남 음식도 인정해주면서 비빔밥을 알리면 좋은데, 한국에서 온 사람들은 비빔밥만이 세계 최고의 영양가 있는 음식인 양 이야기한다는 거예요. 이건 마치 일제시기에 일본인이 조선에

© H. 팩토리

"제가 아는 베트남 학생은 이런 이야기를 해요. 한국인들이 베트남 하노이에 와서 한식을 선전하는데, 자기들 느낌에는 식민지 침탈을 당하는 것 같대요. 베트남 음식도 인정해주면서 비빔밥을 알리면 좋은데, 한국에서 온 사람들은 비빔밥만이 세계 최고의 영양가 있는 음식인 양 이야기한다는 거예요. 이건 마치 일본인이 조선에 '아지노모토'라는 일본 화학조미료를 먹는 것이 건강에 가장 좋다고 선전했던 것과 똑같습니다."

'아지노모토'라는 일본 화학조미료를 먹는 것이 건강에 가장 좋다고 선전했던 것과 똑같습니다. 동치미 국물로 만든 냉면 국물을 아지노모토 국물로 바꾼 경험이 있는 우리가 지금은 어떻게 다른 나라에 한국 음식을 알리고 있는지 되돌아보면 좋겠지요.

사실 한국 음식을 정의내리는 것조차 쉽지 않습니다. 매워야 한국 음식일까요? 불고기나 삼겹살구이가 한국 음식일까요? 조선시대 사람들은 고기를 굽거나 튀기지 않고 찌거나 삶은 조리법으로 만들었습니다. 그러면 불고기나 삼겹살은 오래된 한국 음식이 아니지 않을까요?

짜장면은 한국 음식일까요? 제가 보기엔 한국 음식입니다. 한국 음식을 단군이나 세종대왕이 잡수셨던 음식처럼 신선이 먹는 음식인 양 텔레비전이나 다큐멘터리에서 선전을 많이 하는데 그렇지 않습니다. 여러분이 즐겨 먹으면 한국 음식이에요. 한국인 아빠와 베트남 엄마 사이에서 태어난 한국 친구가 집에서 곧잘 베트남 음식을 먹는다고 합시다. 아마 그 친구가 나이 40세가 되면 그 음식도 한국 음식이 될지 모릅니다. 왜냐하면 우리가 먹고 있는 것도 실은 우리 것이 별로 없으니까요. 재료나 만드는 방식도 우리 것에 외국 것을 수용해서 변화시켜온 겁니다. 단군 할아버지는 설렁탕을 몰라요. 세종대왕은 빨간 배추김치와 고추장을 먹어본 적이 없습니다. 한국 음식은 외국에서 들어온 것과 우리 것이 섞여서 오늘날의 모습을 하고 있는 것입니다. 외국에서 들어온 것을 한반도에 적응시켜 농사를 지어 원래부터 있던 재료들과 함께 우리 입맛에 맞게 진화시킨 거예요.

오늘날 한국 음식에는 무수히 많은 외래식품이 존재합니다. 모습은 밥이고 국인데, 그 안의 재료는 외국에서 수입한 게 많지요. 고추만 해도 아메리카 대륙이 원산지인 작물이 임진왜란을 거치면서 한반도에 들어온 겁니다. 이렇게 세계체제 내에서 식품이 유통되기 시작하면서 음식을 풍부하게 먹게 된 대신, 자꾸 남에게 의지해야 할 일이 생기게 되었습니다. 이제는 한국 음식이 좋고, 외국 음식이 나쁘다는 식의 관점은 버리고, 그것이 어떻게 만들어졌으며 재료는 어떤 것이 들어갔는지 눈여겨볼 필요가 있습니다.

당신이 생각하는 착한 밥과 나쁜 밥 • • •

여러분에게 생각해볼 거리를 하나 드릴게요. 21세기의 착한 밥, 나쁜 밥이 무엇일까? 한번 고민해보세요. 과연 착한 밥은 어떤 밥일까? 혹은 착한 초콜릿, 나쁜 초콜릿은 무엇일까? 크게 본다면, 뇌물을 받거나 거짓말해서 번 돈으로 먹고살면, 그 밥이 아무리 유기농산물이라 해도 그 사람은 나쁜 밥을 추구하는 꼴이 됩니다.

안정된 식량을 확보하는 길, 건강한 먹을거리를 생산하여 지구도 살리고 인간도 살리는 방법은 또 무엇일까요? 그 정답이 반드시 유기농법이라고 저는 말을 못 해요. 다만 유기농법이 그중의 한 가지 방법은 되겠죠. 각자 그 답을 찾아보세요.

여러분, 딸기가 언제가 제철이죠?

청소년 : 겨울이요.

겨울이요? 강의가 끝나거든 딸기가 언제 수확되는지 한번 알아보세요. 거기서부터 출발하는 거예요. 착한 밥을 알기 위해서는 지식이 필요해요. 딸기의 본 모습, 채소의 본 모습을 알 필요가 있어요. 좋은 음식, 진정한 한국 음식은 한반도의 자연 속에서 생산된 먹을거리여야 해요. 자연 속에서 나왔다는 말은 바로 제철에 나오는 재료를 가리킵니다. 요사이 우리는 거의 대부분의 식재료를 인공적으로 재배한 것에 의지합니다. 자연 속에서 생산하려 노력하고 그것을 먹으려고 노력하는 자세가 필요합니다.

한식은 좋고 외국 음식은 나쁘다는 말을 많이 들을 텐데, 햄버거 자체는 나쁘지 않습니다. 햄버거나 설렁탕이나 바쁘게 일하는 중에 빠르고 간편하게 식사를 할 수 있는 음식 중 하나입니다. 본래의 모습대로 자란 소의 고기와 제철에 나는 채소와 본래의 방법대로 만든 빵을 재료로 한 햄버거는 절대 나쁜 음식이 아니에요. 다만 햄버거가 유행하고 미국에 맥도날드 같은 프랜차이즈 체인점이 자리 잡으면서 별도의 공장에서 대량생산하는 시스템이 갖춰지게 되었습니다. 이들은 소를 가두어 키우고요, 화학조미료를 많이 쓰고 신선한 재료를 쓰지 않는다고 하지요. 햄버거에 들어가는 재료를 다국적 기업에서 어떻게 만드느냐가 문제인 것입니다.

소시지도, 햄도 나쁜 음식이 아니에요. 다만 식품가공 과정에서 오랫동안 부패하지 않게 하기 위해서 소금과 방부제, 단맛이 나는 사카린을 넣으면서 문제가 생겼어요. 사실 소시지는 서유럽의 지중해 연안 지역, 북부 독일의 농민들이 겨울과 여름을 나기 위해 고기를 오래 저장하는 방식을 찾다가 만들어진 음식입니다. 조금 짜다는 문제가 있지만, 우리가 먹는 김치, 젓갈과 다르지 않습니다.

요새는 패스트푸드에 대항한 슬로푸드 운동에 관심이 많아지고 있습니다. 진정한 슬로푸드란 뭘까요? 천천히 제대로 된 음식을 만들기 위해서 여러분을 어떻게 해야 할까요? 농사도 지어보고, 농업에 대해 관심을 갖고, 자기가 먹는 음식 안의 재료들이 어떤 방식으로 만들어지는지 알아가다 보면 그 답을 찾을 수 있는 겁니다.

여러분이 오늘 새로운 이야기를 많이 들었을 텐데, 집으로 돌아가서 딸기가 언제 제철인지만 꼭 알아보세요. 내가 먹는 밥이 도대체 뭘까? 한번 생각해보세요. 이런 문제는 대학시험에는 안 나오지만, 세상의 이치를 하나하나 깨우쳐 나가는 데는 굉장히 큰 도움을 줄 거예요.

관중(管仲, ?~기원전 645)이라는 고대 중국의 철학자는 '왕자이민위천, 민이식위천, 능지천지천자, 사가의(王者以民爲天, 民以食爲天, 能知天之天者, 斯可矣)'란 말을 남겼습니다. '왕은 백성을 으뜸으로 여기고, 백성은 음식을 으뜸으로 여긴다. 능히 으뜸의 으뜸을 아는 자만이 왕이 될 수 있다'는 뜻이에요. 봉건적인 생각이지만, 먹는 게 정치라는 말입니다. '먹는 것을 어떻게 골고루 분배하고 밥을 평등하게 불평등 없이 잘 나누어 가지느냐' 하는 것이 예나 지금이나 밥에 담겨 있는 철학입니다. 요새는 저처럼 배 나온 사람을 보고 누군가의 밥을 빼앗아 먹은 나쁜 놈이라고 이야기하죠. 20년 전만 해도 사장님이라고 했는데……. (웃음) 질문 있나요?

청소년 : 분식이 입식보다 손이 덜 든다고 했잖아요. 그렇다면 죽, 메밀 같은 분식을 주로 먹었던 제주도에서는 음식 준비를 남녀가 함께 했나요?

주영하 : 꼭 그렇지만도 않았습니다. 제주도는 고려 때 원나라의 지배를 받은 역사가 있어요. 그때 제주도에 말 목장이 생기면서 육지와 관련을 맺죠. 조선 때는 제주도가 조선왕조의 지배를 받습니다. 육지에서 관리가 파견되면서 제주도 사람들이 성리학이나 유학적인 것을 자꾸 배우고 싶어 해요. 그걸 알아야 양반이라 할 수 있고 세련됐다고 생각했지요. 일종의 육지 사람이 되기를 바라는 마음이 제주도 사람에게는 옛날부터 강하게 있었습니다. 그 때문에 육지보다 더 강하게 남자와 여자를 차별하는 사람들도 있었어요. 남자는 놀고, 여자는 밭농사 짓고 해초 뜯고 밥도 짓고 온갖 일을 다 하는 문화가 있었지요. 진짜 양반은 실제 노동을 하지 않지만 공부와 학문을 하는 사람인데, 제주도 남자는 일도 안 하고 공부도 안 한다고 우스개 소리로 '노는 남자, 제주 사람'이라는 이미지가 1920년대에 아주 강하게 있었습니다.

선생님은 제주도에 가면 음식이나 문화적으로 제주도를 독립시키자는 이야기를 해요. 우리 사회가 저 북쪽 끝부터 제주도까지 똑같은 단군을 조상으로 모시고 살아왔다고 너무나 강하게 믿고 있어요. 만들어진 신화 같은 건데요. 그게 우리 문화와 역사를 이해하는 데 장애가 돼요. 제주도는 육지와 다른 음식 문화, 분식의 문화가 있었다고 지금 제주도 사람에게 이야기하면 다 아니라고 해요. 일반인이 아닌 지식인들은 그 사실을 감추고 싶어 해요. 여러분 중에서 관심 있는 친구는 제주도에 관한 연구를 새롭게 하면 재미있을 거예요.

청소년 : 쌀 품종을 인디카, 자포니카 이렇게 부르잖아요. 뒤에 오는 '카'라는 말이 무슨 뜻이에요?

주영하 : '카'는 앞의 단어를 명사화한 말이에요. 벼의 품종은 크게 아프리카 벼와 아시아 벼로 나뉩니다. 아시아 벼는 인디카 벼와 자포니카 벼로 다시 나뉩니다. 인디카는 인도벼를, 자포니카는 일본벼를 대표하는 품종입니다. 요사이 우리 벼는 자포니카 벼에 포함돼요. 조선시대 벼는 자포니카 계열이 주류였지만, 부분적으로 인디카 벼도 있었던 것으로 여겨집니다. 그렇다고 해서 자포니카 쌀이 다 좋았다고 볼 수는 없어요.

한국전쟁을 겪고 쌀이 없어서 베트남에서 흔히 '안남미'라고 부르는 인디카 쌀을 수입해 먹기도 했어요. 베트남 전쟁이 나기 이전까지만 그랬죠. 왜냐하면 베트남 전쟁이 나면서 북베트남(월명)과 남베트남(월남)으로 분단되어 있다가 공산주의를 믿었던 북베트남에서 통일을 하거든요. 안남미는 차진 성분이 없고, 단맛이 훨씬 적어서 한국인에게 맛있지는 않았어요. 지금은 동남아시아에 가도 대부분의 사람들이 자포니카 계통의 쌀을 먹어요. 요새는 전기밥솥으로 밥을 짓는데, 전기밥솥에는 자포니카 쌀이 맞거든요. 인디카 쌀은 수분을 많이 먹기 때문에, 밥을 지을 때 쌀과 물을 1:10 정도의 비율로 넣어서 적당히 끓인 다음 물을 다 빼고 다시 스팀 방식으로 쪄야 해요. 많이 불편하죠.

1965년에 일본에서 전기밥솥을 개발하고 처음에는 전기가 많이 들어서 인기가 없었는데, 전기가 적게 들도록 개선한 1970년대부터 전기밥솥이 상용화가 되었습니다. 그 후로는 동남아시아에서도 자포니카 쌀을 많이 먹습니다. 쌀밥 하나에 전쟁이나 기술개발 같은 뒷이야기가 있다는 사실이 참 흥미롭죠.

식량자급률 26%가
우리에게 말하는 것

송기호

대학에서 무역학을 공부했다. 졸업 후 귀농하여 YMCA 전국연맹 농촌부 지역 간사와 영암군 농민회 경제사업부장으로 활동했다. 농사에 실패하여 무작정 상경 후, 변호사가 되었다. 미국 콜롬비아 대학에서 미국 통상법 연수를 받았고, 호주 퀸즐랜드 대학원에서 환경법과 식품법을 공부했다. 현재 수륜 아시아 법률사무소 대표변호사로, 국제 계약과 농업법 등에 대한 법률자문을 하고 있다. 지은 책으로 『WTO시대의 농업통상법』, 『한미 FTA 마지노선』, 『곱창을 위한 변론: 무역 주권을 실현하는 공정한 논리를 찾아서』, 『맛있는 식품법 혁명』이 있다.

안녕하세요? 송기호입니다. 저는 여러분만 한 성장기를 지방에서 보냈습니다. 초등학교는 시골 농촌에서 나왔고요, 중고등학교는 지방 도시에서 다녔습니다. 그 후 학교와 군대를 마치고 농촌이 좋아서 시골로 내려갔습니다. 나름 열심히 농사도 지었지만 실패하고 다시 서울에 와서 지금은 변호사로 일하고 있습니다. 주로 국제 계약과 농업법에 대한 법률자문 일을 하고 있어요.

제가 질문 하나 드려도 될까요? 혹시 여러분 중에 나중에 농사를 지어보겠다고 생각하는 사람이 있나요? 손드는 분이 아무도 없네요. 괜찮습니다. 직업 선택에는 자유가 있으니까요. 이 질문은 평소에 청소년을 만나면 꼭 한번 물어보고 싶었던 질문이었어요. 이제 여러분과 함께 우리나라의 먹을거리 체계에 대해 이야기해보려고 합니다.

26% VS 74% •••

우리나라 농업은 수도권 주변의 근경 농업과 남쪽의 농업 지대, 크게 두 가지로 나뉩니다. 우리가 자주 먹는 상추나 양파, 신선한 채소 등은 수도권 주변에서 농민들이 생산합니다. 쌀이나 수박같이 제법 농지가 필요한 농산물은 전라남도나 경상남도 등지에서 생산하죠. 크게 보면 이것이 우리나라 농업 생태계입니다. 이렇게 우리 농민들이 생산해서 우리에게 공급하는 것이 전체 먹을거리의 26% 정도 차지합니다.(2010년 기준 26.7%) 여기에는 당연히 우리나라에서 자라고 있는 소, 돼지, 닭 등 가축들이 먹는 사료도 포함되어 있습니다. 그 가축 사료까지 포함해서, 우리 식탁에 올라오는 것 중 26%가 국산이라고 하는 우리의 농업 생태계가 공급하고 있습니다. 74%는 우리 농업 생태계 바깥, 일본, 중국, 미국, 호주, 뉴질랜드 등 세계 방방곡곡에서 옵니다. 즉 우리는 국내보다는 외국에서 먹을거리의 상당 부분을 공급받고 있습니다. 이것을 개방된 식품체계라고 합니다.

기본적으로 식품체계가 개방된 곳이 유익합니다. 농사가 잘되는 해도 있지만 때에 따라 잘 안 될 수도 있어요. 한파가 몰아친다든지 태풍이 휩쓸고 가서 농사를 망칠 수도 있습니다. 성경에서처럼 메뚜기 떼가 와서 곡식을 먹어버리는 불행한 사건이 있을 수도 있겠죠. 만약 먹을거리의 100%를 자국에서 공급하는, 폐쇄적인 식품체계를 가진 나라라면 경우에 따라서는 그 나라 국민들을 제대로 다 먹이지 못하는 수가 있습니다. 우리나라를 포함해서 대부분의 나라들이 서로 식품체계들을 개방해서 공급하는 것이 바로 이런 이유 때문입니다.

그러나 농산물, 식품 무역에서의 가장 큰 특징은 어느 나라도 자국민을 먼저 먹이고 나서 여유가 있을 때 비로소 해외에 공급한다는 겁니다. 단지 "우리가 비싸게 살게"라며 좋은 조건을 내건다고 외국으로부터 아무런 제한 없이 수입을 할 수 있는 건 아닙니다. 이것을 '수출 제한'이라고 합니다.

쌀을 예로 들면, 세계에서 생산된 쌀을 100이라고 한다면 그중 실제로 국제간에 유통되는 쌀은 얼마쯤 될 것 같아요?

청소년 : 30? 20?

통계상으로는 7쯤 됩니다. 세계에서 생산되는 자동차를 100이라고 한다면, 수출·수입으로 유통되는 자동차는 얼마쯤 될까요? 50 정도 됩니다. 왜 각 나라들은 먹을거리를 완전히 자유롭게 유통되도록 내버려두지 않고 먼저 자국민을 먹이고 난 다음 비로소 수출할까요?

청소년 : 먹는 게 중요하니까요.

맞아요. 하나의 사회 공동체가 유지되기 위해서는 사회 구성원에게 안전하고 지속적인 먹을거리를 제공할 의무가 있습니다. 먹을거리는 한 사회 공동체가 유지되는 필수조건이기 때문입니다. 그렇게 본다면 먹을거리의 74%를 외국에서 들여오는 우리의 현실은 무엇을 의미할까요?

식량자급률 26%가 의미하는 것 •••

방사능에 오염된 채소나 고기가 식탁에 올라올 위험을 우리 사회는 당연히 차단해야 합니다. 한 사회를 구성하기 위해서는 마땅히 그래야 하죠. 그러나 우리 사회 공동체가 통제하거나 책임질 수 없는 바깥에서 이러한 사건이 일어나면 어떨까요? 이를테면 2011년 봄 일본 대지진으로 후쿠시마 원전에서 방사능이 유출되었습니다.

먹을거리의 74% 정도를 외국에 의존한다는 것은 우리 사회가 관리하거나 통제할 수 없는 외부 요인들에 의해서 우리나라 국민의 건강이 좌지우지된다는 뜻입니다. 다시 말해, 먹을거리와 관련하여 세계 곳곳에서 일어나는 거의 모든 사건들이 우리 식탁에 영향을 줄 수 있다는 것입니다.

예를 들어 소를 키우는 중국의 농부들이 우유의 빛깔을 좀 더 좋게 하고 보존을 잘하기 위해서 식품에 넣어서는 안 되는 멜라민이라는 성분을 집어넣었다면? 중국에서 시작된 멜라민 우유 파동은 단지 중국에서만 끝나는 게 아닙니다. 중국 우유를 원유로 하여 만들어지는 분유, 유당 등이 우리나라 식품 체계에서 다른 식품의 원료로 쓰이니까요.

2008년에 미국산 쇠고기의 광우병 검역을 엄격하게 실시해야 한다고 목소리가 높았습니다. 우리가 미국산 쇠고기를 사 먹는 사람이기 때문에, 안전하게 먹을 수 있는 검역 체계를 만들어야 한다는 주장이었지요. 74%를 외국산 식품에 의존한다는 사실은, 일본·중국·미국 등 세계 어느 곳에서든 발생할 수 있는 먹을거리에 대한 위험에 우리가 심각하게 노출되어 있다는 것을 의미합니다.

단지 여기에는 먹을거리 안전에 대한 위험만 있는 것은 아닙니다.

종래와는 다른 기후 변화와 환경 문제를 요새 많은 이들이 걱정합니다. 이러한 변화에 가장 큰 영향을 받는 산업은 무엇일까요? 관광일까요? 날씨가 안 좋아지면 사람들이 관광을 안 다닐 테니까요. 물론 관광을 포함한 많은 산업이 영향을 받겠지만, 그중에서 특히 농업이 큰일입니다. 농업이야말로 바람과 흙과 공기와 햇볕, 자연과 환경이 함께 일구어내는 작품이니까요. 기후와 환경 변화로 1차적으로 농업이 영향을 받아서 세계적으로 농산물의 생산이 급격하게 줄어든다면, 소·돼지·닭 등의 가축은 물론 사람들도 굶주리게 되겠지요.

앞서 말씀드렸듯이 농산물은 자국민을 우선으로 공급하고 나서 나머지가 있는 경우 수출하기 때문에, 기후 변화가 있어서 먹을거리 생산이 줄어드는 위기가 닥치면 우리나라는 타격을 많이 받습니다. 선진국 클럽이라고 하는 OECD 가입국 중에서 우리나라 식량자급률이 가장 낮습니다. 미국이나 프랑스는 식량자급률이 100%가 넘습니다.

일본의 경우 식량자급률을 높이기 위한 국가 기구를 만들어서 많은 노력을 기울이고 있습니다. 우리나라의 경우에도 학교 급식에 우리 땅에서 재배한 친환경농산물을 공급하려 애쓰고 있어요. 학교 급식이 왜 중요할까요? 여러분이 만약 학업을 마치고 농사를 짓는다고 해보세요. 내가 생산한 농산물을 꾸준히 안정적으로 소비해줄 곳을 찾는 게 무엇보다 중요하겠지요?

'친환경 급식'이 요새 확대되고 있는데, 농약을 적게 쓰고 흙을 제대로 살리고 환경을 잘 돌보며 제대로 농사짓는 분들이 공급하는 농산물을 중심으로 학교 급식을 운영하려고 해요. 저도 한 달에 한 번 교육청에서 학교 급식 자문위원 활동을 하고 있습니다.

"먹을거리의 74% 정도를 외국에 의존한다는 것은 우리 사회가 관리하거나 통제할 수 없는 외부 요인들에 의해서 우리나라 국민의 건강이 좌지우지된다는 뜻입니다. 다시 말해, 먹을거리와 관련 하여 세계 곳곳에서 일어나는 거의 모든 사건들이 우리 식탁에 영향을 줄 수 있다는 것입니다."

환경을 아끼고 제대로 된 농사를 지으려고 하는 분들이 고생해서 농사를 지어도 소비해줄 곳이 없다면 그 농사는 지속될 수 없습니다. 그러나 학교 급식으로 꾸준히 소비가 된다면 그러한 친환경 농사는 계속해서 뻗어나갈 수 있어요.

여러분에게도 좋아요. 학교 급식에서 통조림·가공 식품이 아니라 제대로 만든 신선하고 맛있는 식품을 먹을 수 있으니까요. 이러한 맛에 여러분이 좀 더 익숙해진다면, 친환경 농부를 찾는 소비자는 점점 더 많아지겠지요. 이 같은 과정을 통해 농업의 자급률은 높아질 것입니다.

우리의 입맛을 길들이는 식품법 •••

저는 전라남도 나주에서 농사를 지었는데요. 나주평야의 흙을 먹고 자란 쌀이 어떻게 우리 식탁까지 오를까요? 물리적으로만 본다면 농민이 수확한 작물을 차에 싣고 농수산물도매시장에 가서 팝니다. 간혹 여러분이 도매시장에서 직접 사기도 할 테고, 보통은 여러분의 어머니, 아버지가 슈퍼나 대형 마트에서 사는 거겠죠. 그러나 여러 지역에서 생산된 농산물이 식탁까지 오르는 과정이 눈에 보이는 부분만 있는 건 아닙니다. 그런 과정을 법으로 일정하게 규제하고 있다는 사실이 중요합니다.

'바나나맛 우유'가 있습니다. '바나나 우유'도 있죠. 바나나맛 우유의 원료는 바나나일까요, 아닐까요? 아니죠. 바나나맛을 내는 식품첨가물, 화학식품첨가물이 들어 있을 뿐이지요. 여러분 정도의 나이가 되면 이걸 구분하지만, 유치원생이나 초등학생들은 그것이 화학적으로 만든 합성색소나 합성첨가물이 내는 맛이 아니라 진짜 바나나라고 생각할 수 있습니다. 이것이 바로 익숙해지는 겁니다. 그 맛에 계속 익숙해지면 어떤 문제가 생길까요?

농민들이 소들을 움직이지 못하게 빽빽한 공간에서 키우는 것이 아니라, 마음대로 뛰어놀고 소들끼리 서로 사이좋게 지낼 수 있도록 하면 그 소가 만들어내는 우유가 더 맛있고 신선하다고 합니다. 문제는 그런 우유의 맛은 바나나맛 우유에 비하면 자극적이지 않고 심심하다는 것이죠. 어린 시절부터 바나나맛 우유에 익숙해지면, 제대로 된 축산 과정으로 공급하는 우유보다는 바나나맛 우유를 더 찾게 됩니다. 바나나맛 우유가 지배하는 식품체계에서 가장 돈을 많이 버는 곳은 바나나맛을 내는 인공합성첨가물을 생산하는 공장입니다.

맛이 비록 싱겁기는 해도, 소들을 충분한 공간에서 마음대로 뛰어놀게 하는 농장에서 생산한 우유 맛에 우리가 더 익숙해진다면, 그런 사회에서는 바나나맛 향료를 가공하는 공장보다는 제대로 소를 키우는 분들에게 이익이 돌아가겠지요.

그렇다면 실제 바나나가 아니라 첨가물로 바나나맛을 만들어낸 우유에 '바나나맛 우유'라는 상품명을 쓸 수 없게 하면 어떻게 될까요? 이 식품에 바나나맛 향이 들어 있다고 식품첨가물로 표시하는 것이 아니라, 제품 명칭으로 바나나맛 우유를 사용하는 것을 허가할 것인가, 금지할 것인가가 중요한 문제이지 않을까요?

또 다른 예로 커피를 들어봅시다. 커피에는 카페인이 많습니다. 그런데 커피에 "이 식품에는 카페인이 많이 포함되어 있으므로 중독될 위험이 있습니다" 이런 표시가 있습니까? 없죠. 반면 커피보다 카페인 양이 훨씬 적은 어떤 제품에는 카페인이 많이 포함되어 있으니 주의하라는 문구가 표시되어 있습니다. 커피 우유든 커피든, 이 상품에 카페인이 많이 들어 있으므로 조심하라는 표시를 하게 할 것인가 말 것인가를 결정하는 것이 또 중요한 문제입니다.

사탕이나 음료수 등을 보면 붉은색, 파란색, 노란색, 주황색 색깔이 화려하죠. 이게 다 색소입니다. 타르색소라고 하는 인공색소들인데요. 아이들이 먹는 사탕이나 과자에 타르색소를 쓰게 할 것인가 말 것인가, 요새 일본 방사능 문제가 심각한데 수입농산물이나 국산농산물의 방사능 수치를 어떻게 정할 것인가 하는 이런 문제들이 다 '식품법'과 관련되어 있습니다. 우리의 먹을거리 체계 밑에는 법이 작동하고 있는 거예요.

식품법이 제대로 돼 있었다면 우리나라는 26%라는 낮은 식량자급률에 치닫지 않았을 것입니다. 제가 어렸을 때는 학교에서 도시락 검사를 해서 쌀밥을 싸오지 못하게 했습니다. 식당에서 쌀밥을 팔지 못하게 했어요. 학교에서는 이렇게 교육했습니다. '쌀을 먹으면 대뇌에 변질증이 생기고 몸에 병이 생긴다. 쌀이 우리 건강에 좋지 않기 때문에 쌀 대신 밀을 먹어야 한다.' 이런 식품법이 있었기 때문에 결과적으로 우리 사회가 우리 내부에서 생산된 먹을거리 체계보다는 외국에서 생산된 먹을거리 체계에 의존하게 되었습니다.

우리를 위한, 우리에 의한 먹을거리가 없다? •••
근대적 의미의 법이란 무엇일까요? '내가 법이다', '주먹이 법이다'라는 말도 있지만 법의 1차적인 특징은 보편성입니다. 조선시대에 법이 없었다고 말하는 가장 큰 이유는 백성들, 오늘날의 말로 시민들에게 무엇이 법인지를 미리 알려주고 문자로 그것을 공포하는 과정이 없었기 때문입니다. 법이 되기 위해서는 무엇이 법이고 그 법의 내용이 무엇인지를 일반인 누구나가 쉽게 알 수 있어야 합니다. 법이라고 알렸는데 여러분이 봐도 그 내용을 모른다면 그것을 법이라고 할 수 없겠죠. 이것을 명확성이 원칙이라고 합니다.

먹을거리의 문제를 해결하기 위한 노력은 조선시대 때에도 있었습니다. 『이조실록』 같은 기록을 보면 전남 지역의 어느 어민들이 바다에서 뭘 먹다가 식중독에 걸려서 목숨을 잃었는데, 도지사나 군수 했던 사람들이 왕에게 장계를 올려서 보고를 했다는 대목이 나옵니다. 또는 왕이 먹었던 우물에서 해로운 물질이 나오니 대책을 세우라는 기록도 있습니다. 서울의 어느 고장에서 잘못된 고기들을 동네 우물가에서 씻어서 그렇게 못 하게 했다는 기록도 있습니다. 조선시대라고 해서 먹을거리 문제를 등한시했던 것은 아닙니다.

그러나 근대적 의미에서 그 당시 식품법이 없었다고 말하는 것은 일반 시민들, 백성들이 알 수 있는 형태로 법이 공포되지 않았고, 그 법의 내용이라는 것도 명확하지 않았기 때문입니다. 그때 법은 다 한자로 쓰여 있었습니다. 지금 우리가 일반 보통의 사람들이 이해할 수 있는, 명확한 법을 미리 공포해서 그것을 지키도록 하는 근대적 식품법은 식민지시대에 처음 만들어졌습니다.

1911년 데라우치 조선 총독이 먹을거리 안전에 관한 규칙, 즉 불량 식품 단속 규정을 처음 공포했습니다. 여기에는 먹을거리에 들어가서는 안 될 해로운 물질들, 이를테면 수은이나 납 등이 명시되어 있었습니다. 규정을 어겼을 때는 영업 정지 조치를 어떻게 하는지 따위가 포함되어 있었죠.

그것은 한편으로는 긍정적인 점도 있었을 것이라 생각합니다. 조선시대의 왕이나 관료들이 백성들의 건강을 해치는 음식이 유통되지 않도록 노력했겠지만, 과학적으로는 일정한 한계가 있었을 것입니다. 세종대왕이 식중독을 일으키는 균을 알고 있었을까요? 몰랐겠지요. 따라서 조선총독부가 만들었던 식품법 체계는 서양 과학에 근거한 일정한 성과를 우리 사회에 전해주었을 것입니다. 식중독의 원인균이 무엇인지, 납이 왜 식품에 들어가면 안 되는지, 그것을 검출하기 위해서는 실험을 어떻게 해야 하는지에 대한 성과들 말입니다. 그것이 조선의 위생을 개선한 것은 사실이겠지만, 그다음 큰 문제가 있었습니다.

데라우치 총독이 아니었으면 조선 사람들은 그러한 법을 만들 수 없었을까요? 일본인만이 과학에 근거한 식품법을 만들 수 있었을까요? 그렇지는 않죠. 식민지시대 전에 이미 조선에서도 서양 과학을 이용하여 위생제도를 만들고 있었습니다. 종두법이 그러한 예들 중 하나입니다. 일본이 없었더라도 우리 스스로의 힘으로 필요한 서양 과학을 도입하여 우리에게 맞는 식품체계를 갖춰나갔을 것입니다.

문제는 데라우치 식품법이 조선인은 식품 위생적으로 열등하다는 바탕 위에 만들어졌다는 사실입니다. 즉 일본인만이 조선의 지극히 열등한 식품 위생 상태를 개선해줄 수 있다고 그들은 생각했습니다.

3·1 운동을 식품법 단속에 대한 조선인들의 반발이라고 평가한 일본 공식 문헌이 있습니다. 다시 말해 조선인들의 위생상태가 워낙 열악

해서 자기네 일본이 위생제도와 식품법을 만들어 강하게 단속했더니 그것에 대한 반발로 일어난 것이 3·1 운동이라고 주장하는 것이지요.

1911년에 공포한 데라우치 총독의 식품법이 조선의 위생을 개선한 것은 사실이겠지만, 이들의 관심은 조선의 농업을 어떻게 발전시킬 것인가, 조선 농업에 근거한 안전하고 지속적인 먹을거리 체계를 어떻게 만들 것인가에 있지 않습니다. 조선인은 위생적으로 열악하기 때문에 우월한 일본인들이 가르친다는 식이었고, 더 큰 문제는 조선의 농업이 일본의 식품 문제를 해결하는 하나의 수단에 지나지 않았다는 점이었습니다. 1918년 일본은 흉년으로 쌀파동이 일어나 대폭동을 겪습니다. 이후 조선의 농업은 일본의 쌀 문제를 해결하는 데 철저히 이용되었습니다.

그 결과 조선의 농업은 조선 땅에 뿌리내린 먹을거리 체계를 만들 수 있는 기회를 원천적으로 차단당합니다. 오늘날의 식량자급률 26%라는 수치라는 것도 알고 보면, 우리 농업과 밀접하게 연계한 먹을거리 체계를 만들기 힘든 환경이라는 이야기입니다.

한국 사람들이 소주를 많이 먹죠. 소주는 우리 농업과 아무런 관계가 없습니다. 외국에서 나는 고구마와 아프리카의 농산물을 원료로 해서, 거기에 술맛을 내기 위해 화학 감미료를 넣은 것이 소주입니다. 소주는 사실 술이 아니에요.

프랑스 와인이 유명한데, 그런 와인을 프랑스 대기업에서 만드는 것이 아니라 프랑스 지역 농협에서 만들어요. 그렇다면 우리는 왜 우리 농업에 근거한 좋은 술을 가지고 있지 못할까요? 그 1차적인 원인이 바로 데라우치 총독의 식품법에 있었습니다.

데라우치 총독은 주세령이라는 것을 만들었습니다. 적어도 1년간 일정 수준 이상의 술을 만들지 못하는 양조장들을 폐쇄시킨 조치였는데요. 조선시대 동네 곳곳마다 지역 사회에 근거한 술 산업들이 있었습니다. 조그마한 양조장이긴 해도 그 지역에서 나는 특산물들, 환경과 자연에 의지하여 술을 빚어냈습니다. 지금의 프랑스 와인을 만드는 프랑스 농협이라고 생각하면 됩니다. 그것을 일제시기에 다 불법화시켰습니다. 영세하기 때문에 비위생적이라는 것이 이유였습니다. 불법화된 그 자리에 누가 들어왔을까요? 일본의 대규모 술 산업이 들어왔습니다. 일본의 대규모 술 산업은 당연히 한국의 농업, 한국의 지역사회, 한국의 생태계와는 아무런 관련이 없었습니다.

우리 농업, 우리 지역사회, 우리 생태계에 근거한 식품체계가 들어서지 못했던 것은 거슬러 올라가 보면 데라우치 총독의 식품법이 가장 큰 원인으로 자리 잡고 있습니다.

1945년 해방이 되었지만, 더 이상 일본에 봉사하는 농업이 되지 않겠다, 우리 사회와 우리 농업의 연계를 높이겠다는 의지를 담은 식품법이 들어서지 못했습니다. 1961년 부칙을 통해서 폐지되기 전까지 일본의 식품법은 살아 있는 법으로 기능했습니다. 1961년에 새로 만들어진 식품법이라는 것도 당시 일본의 식품법을 그대로 베껴서 만든 것입니다.

내려가는 식량자급률을 잡아라 •••

이제 26%를 뺀 나머지, 74%에 해당하는 외국의 농산물이 우리나라에 들어오는 이야기를 해보겠습니다. 나라마다 농업을 생산하는 환경에 차이가 있습니다. 호주나 뉴질랜드, 미국에서는 소를 방목하여 키우는 곳이 많습니다. 소들을 목장에 풀어놓으면 소들이 알아서 짝짓기를 하고 송아지를 낳고 합니다. 목장이 워낙 넓어서 주인은 더러 자기 소가 몇 마리인지조차 모릅니다. 우리나라는 어떤가요? 조그마한 축사에서 키우는 경우가 많아요. 이렇게 나라마다 농업을 둘러싼 자연 환경이 다릅니다.

그러다 보니 상대적으로 농업 생산에 더 유리한 나라들이 있습니다. 농업이 강한 나라들은 자기 환경을 최대한 이용해서 생산량을 늘려 가능하면 수출을 많이 하고 싶어 합니다. 그러나 수입하는 나라의 입장에서는 아무런 대책 없이 외국 농산물에만 의존하다 보면, 앞서 이야기했듯이 한 사회가 통제할 수 없는 많은 위험 요인들에 노출됩니다.

가령 우리나라가 땅도 좁고 농업 환경도 좋지 않으니 농업 없이 살아간다고 해봅시다. 식량자급률 26%에서 0%가 된다면, 먹고사는 모든 식품이 우리가 통제할 수 없는 바깥에서 생산됩니다. 그런 사회는 존속할 수 없습니다. 홍콩과 싱가포르는 식량자급률이 0%인 농업 없는 나라인데, 어떻게 존속할 수 있을까요? 두 나라는 우리나라와 사정이 다릅니다. 인구가 적을 뿐 아니라 사실상 중화경제권이기 때문에 중국의 농업이 홍콩과 싱가포르를 먹여 살리는 셈이지요.

농산물 수입국 입장에서는 농업 강국인 농산물 수출국에게 전적으로 의존해서는 사회를 유지할 수 없기 때문에 식품 무역이 중요한 것입니다. 수입국 입장에서, 수출 농업 강국이 어떤 상품의 생산을 자기들이 독점하겠다는 요구를 그대로 허용할 수는 없습니다. 그래서 식품 무역과 관련된 국제 규범이 등장하는 것입니다. 바나나맛 우유나 커피

등 식품의 표시를 어떻게 하는가는 국내 식품법만의 문제가 아니라 국제 규범으로 당장 영향을 미칩니다.

유럽산 쇠고기를 예로 들어봅시다. 광우병이 가장 많이 발생하는 지역이 유럽입니다. 한국은 유럽산 쇠고기의 수입을 금지하고 있습니다. 반면 유럽에서는 한국에 쇠고기를 팔고 싶어 합니다. 그래서 유럽 사람들은 쇠고기를 먹고 있다, 한국도 수입을 허가해달라고 요구하겠죠. 이렇게 수출국과 수입국 사이에서 농산물과 식품의 교역을 규율하는 것이 바로 세계무역기구(WTO, World Trade Organization), 자유무역협정(FTA, Free Trade Agreement)입니다.

그러므로 이 규정을 누가 주도해서 만드느냐가 문제입니다. 유감스럽게도 농업 강국들, 농산물 수출국들이 주도해서 만드는 것이 현실입니다. 쇠고기의 경우, 광우병의 위험이 있는지 없는지, 수입할지 말지, 수입하더라도 어떤 기준으로 할지는 그 쇠고기를 소비하는 나라에서 결정하는 것이 당연합니다. 자국민의 건강과 생명을 위해서 그 식품을 소비하는 나라에서 이 같은 결정을 해야만 합니다. 이를 식량주권이라고 합니다.

그러나 농업 강국인 농산물을 수출하는 나라들은 수입하는 나라들의 주권을 제약하는 규범을 많이 만들려 합니다. 한-EU 자유무역협정을 보면, '유럽 나라 중에서 어떤 나라가 광우병 안전 국가이며 광우병이 적게 발생하는지를 먼저 수출국들이 결정하고 그 결정을 한국은 고려해야 한다'라는 표현이 있습니다. 이것은 어떤 조건에서 유럽산 쇠고기를 수입할 것인지를 결정해야 할 수입국의 식량주권을 제약하는 행위입니다. 오늘날 많은 사람들이 세계무역기구나 자유무역협정에서 주권을 제약하는 것을 고쳐야 한다고 목소리를 내고 있습니다.

문제는 앞서 이야기한 대로 일제시기에 시작된 잘못된 식품법, 해방 이후 농업 강국들이 주도하는 국제 규범 속에 우리 농업이 놓여 있다는 사실입니다. 식량자급률 26%라는 수치는 무엇을 말해줄까요? 이전부터 꾸준히 그 수치가 내려가고 있었다는 점입니다. 1970년대에는 70~80%였던 식량자급률이 80년대에는 40~50%로, 농산물 시장이 개방된 우루과이라운드 협상 이후인 1995년에는 29.1%로 떨어졌습니다. 왜 식량자급률이 내려가고 있을까요? 자연환경만의 문제는 아닙니다. 우리 농업의 정상적인 역할, 지역과 생태계의 역할을 인정하지 않았던 일제시기의 식품법 체계가 해방 이후로도 극복되지 못했고, 더욱이 이제는 농업 강국들이 주도하는 국제 규범에 놓여 있기 때문에 지속적으로 식량자급률이 내려간 것입니다.

착한 농부, 착한 소비자 •••

어쩌다 식량자급률 26%라는 지금의 추세까지 왔을까요. 저와 여러분은 식량자급률이 내려가는 이 시간의 연속선상에 함께 살고 있습니다. 기성세대는 기성세대대로 열심히 노력하겠지만, 장기적으로 이 문제는 여러분 어깨의 짐이 될 것이고 여러분 아이들의 짐이 될 것입니다. 내려가는 식량자급률을 어떻게 해결할 것인가는 저와 여러분 세대가 함께 고민해야 합니다.

이제부터는 어떻게 할 것인가, 어디에서 희망을 찾고 대안을 마련할 것인가에 대해 이야기해보겠습니다. 이 문제를 푸는 방법은 결국 우리에게 있습니다. 풀어야 할 주체도 우리이고, 그 힘도 우리에게서 나올 수밖에 없습니다. 무엇보다 도시 사람들과 농민의 거리가 가까워져야 합니다. 이 거리가 멀면 멀수록 그것은 식량자급률이 더 낮아지는 것을 의미합니다. 가까워진 소비자와 농민은 또 각자의 자리에서 노력해야 겠지요. 소비자는 소비자대로, 농민은 농민대로.

먼저 농민에 대해 생각해봅시다. 농민이라고 다 같지는 않습니다. 우리나라 축산이 소비자들의 마음을 얻을 수 있을까요? 많은 축산 농가에서 소, 돼지에게 미국산 유전자 조작 사료를 먹입니다. 지금의 축산 구조는 미국에서 사료를 수입하고, 사료에 합법적으로 항생제를 타서 먹이는 구조입니다. 가령 여러분이 매일같이 먹는 밥에 혹여나 감기에라도 걸릴까봐 어머니가 감기약을 타서 먹인다고 생각해보세요. 우리는 소를 그렇게 키우고 있습니다. 아파서 먹이는 것이 아니라 예방으로 항생제를 먹입니다. 왜 그럴까요? 밀식해서 키우기 때문입니다. 특히 닭을 키우는 양계장에 가보면 닭들이 제대로 움직이지 못하는 좁디좁은 케이지에 갇혀 있습니다. 이런 축산이 소비자들에게 가까이 갈 수 있을까요? 축산뿐만 아니라 일반 농업도 마찬가지입니다. 지금은 많이 달라졌지만, 한때 농민들이 농약을 많이 썼습니다. 당장 돈이 필요하니까 농약을 쓰지만 그것은 소비자의 건강을 해치는 것입니다. 농업도 변해야 합니다.

또 변화는 어디에서 일어나야 할까요? 소비자가 변해야 합니다. 시장이나 마트에서 소비자가 빛깔 좋은 채소와 과일만 고른다면, 농민들은 농약을 칠까요, 안 칠까요? 소비자들이 눈으로 보기에 좋은 것들만 고른다면 농민들은 농약을 칠 수밖에 없습니다.

© 연합뉴스

"친환경 급식이 요새 확대되고 있습니다. 환경을 돌보며 제대로 농사짓는 분들이 생산한 농산물 중심으로 학교 급식을 운영하려는 움직임인데요, 친환경 농부는 자기가 생산한 농산물을 꾸준히 소비해줄 곳이 있어서 좋고, 여러분은 학교 급식에서 통조림·가공 식품이 아니라 신선한 식품을 먹을 수 있어 좋아요. 이러한 맛에 여러분이 익숙해진다면, 친환경 농부를 찾는 소비자는 점점 더 많아질 거예요."

농민도 소비자도 함께 변해야 합니다. 그러나 혼자 변하기란 힘들겠죠. 이런 문제를 같이 고민하고 활동하는 곳이 생활협동조합, 우리가 흔히 '생협'이라고 부르는 곳입니다. 생협에서는 소비자들이 농장을 찾아가고, 농장의 농민들이 도시 소비자들에게 찾아옵니다. 농민은 소비자를 생각하고 소비자는 농민을 생각합니다. 생협에서는 농산물을 얼마에 팔 것인가를 소비자와 농민이 만나서 같이 정합니다. 생협에 농민들이 농산물과 식품을 공급하기 위해서는 생협에서 정한 기준에 맞춰서 생산해야 합니다. 그 기준은 더 안전하고 유익하며 환경을 돌보는, 그래서 지속적으로 먹을거리를 공급할 수 있는 농산물과 식품입니다. 생협 회원은 20만 명 정도 됩니다. 집에 한 명 정도 가입하니까 한 집을 세 명으로 따진다면 60만 명 정도가 생협을 이용하는 셈입니다. 전체 인구로 보면 아직은 미미한 수준이지요. 생협이 확대되고 생협을 통해 농산물과 식품을 공급받는 도시 소비자가 더 많아져야 합니다.

모든 것을 생협에 맡긴다고 되는 것이 아니라, 결국은 민주주의가 바로 잡혀 제대로 농사를 지어보려는 농민들을 억누르는 법을 고쳐야 합니다. 예를 들어 현재 법으로는 농민들이 생산한 일반 식품 및 농산물이 건강에 어떤 도움을 주는지를 광고하지 못합니다. 자두를 먹으면 몸에 어떤 점이 좋다, 이 지역에서 생산된 복숭아는 어디에 좋다, 쌀을 먹으면 어떤 점이 좋다, 이렇게 광고하지 못합니다. 의약품을 보호한다는 차원인데, 이것은 다른 나라에도 없는 대단히 잘못된 제도입니다. 우리가 아플 때 약을 먹어 몸을 낫게 하는 것도 중요하지만 그에 못지않게 평소 건강했을 때 먹는 식품들을 통해서 영양소를 잘 공급받고 건강을 지킬 수 있는 체계 역시 중요합니다. 우리 농민들이 생산한 농산물이 몸에 좋은 기능들을 함에도 불구하고 그것을 알리지 못하게 하는 표시광고에 관한 규제가 있습니다.

이런 잘못된 법은 제대로 바꿔야 합니다. 가공식품이나 의약품을 중심으로 건강을 생각하는 것이 아니라, 식생활 다시 말해 평소에 자주 먹는 제대로 된 식품들을 통해서 건강을 유지해나가는 제도가 자리 잡을 수 있다면 우리의 식량자급률은 올라갈 수 있습니다.

결과적으로 농민도 소비자도 달라져야 하고, 농민과 소비자가 함께 만들어가는 생협도 확산되어야 합니다. 더불어 밑바탕에는 건강과 안전에 대한 시민의 뜻을 반영하는 민주주의가 자리 잡을 때, 식량자급률은 언젠가 올라갈 수 있습니다.

어떻게 보면 먹을거리 문제는 저 같은 기성세대들의 책임입니다. 이른바 나이 먹은 사람들이 좋은 식품 체계를 만들어서 여러분에게 주어야 할 책임이 있습니다. 그러나 시간이 흘러 여러분이 무럭무럭 자라면 제가 하는 고민을 여러분도 또 하게 될 것입니다.

이게 단순히 몇 년간 짧게 해서 될 일이 아니기 때문에, 기성세대들이 가지고 있는 생각들 중에서 여러분이 봐서 괜찮다 싶은 것들은 선택해서 좀 더 발전시키고 잘못된 것은 고쳐나갔으면 좋겠습니다. 이러한 흐름이라는 것이 단지 한 세대에서 끝나는 것이 아니라, 여러분 세대, 그다음 세대까지 꾸준히 이어져야 하겠지요.

결코 한두 사람, 소수의 특출한 사람이 의미 있는 변화를 만들어가는 것이 아니라 저나 여러분 같은 평범한 사람들이 서로 마음을 모아서, 세대를 이어서 내려갈 때 그러한 큰 흐름 속에서 우리가 늘 희망과 힘을 얻는다고 생각합니다. 질문 있으면 편하게 해주세요.

청소년 : 나주에서 농사를 지었다고 하셨는데요, 어떻게 농사를 짓게 되셨어요? 그리고 변호사를 하면서 FTA나 농업 문제에 특별히 집중하고 계신데 어떤 계기가 있으신가요?

송기호 : 질문 감사합니다. 군대를 제대하고 시골에 내려갔던 이유가 무슨 큰 뜻이 있었다든지, 웅대한 시간표가 있었던 건 아니었습니다. 제가 중고등학교를 지방 도시에 나와서 보냈는데, 그 시절 늘 어머니가 보고 싶었어요. 대학을 마치고 사회생활을 하면 어머니와 함께해야겠다, 농촌으로 돌아가고 싶다는 생각이 강했습니다. 그게 가장 큰 이유였어요. 도시에 살면서 어머니를 모시고 산다든지 농부 아닌 다른 직업도 가능했을 텐데, 왜 농촌에 갔느냐?

대학 시절, 함평에 사는 어느 농민의 강연을 들은 적이 있습니다. 그 시절 제가 들었던 어떤 말보다 그분의 이야기는 진솔했고 의미 있는 삶을 살고 계셨습니다. 지역의 이웃 농민들과 더불어 자연을 잘 돌보며 농사짓는 그분을 보면서, 나도 저렇게 살아야겠다는 생각을 굳혔습니다.

농촌에 내려갔는데, 결과적으로는 영농에 실패했습니다. 많은 준비를 하고 내려갔다면 제가 원했던 생활을 할 수 있었을 텐데, 제가 갔던 곳은 상업농 지역이었습니다. 큰 땅에 수박이나 무 같은 단일한 작물을 대량으로 짓는, 상당히 투기성이 있는 농업 지역이었어요. 한 해는 농산물 값이 반짝 올라서 돈을 벌다가 농산물 값이 폭락하면 빚더미에 돌아가고는 했죠. 그 지역 청년들과 빚도 내가며 농사를 지었는데, 몇 년 계속 좋은 값을 못 받았고 그러면서 정착을 하지 못했습니다. 결국제 고향에 들어가지도 못했어요. 제가 귀농하려고 하니까 선친께서 반대를 강하게 하셨고 고향 아닌 객지에서 농사짓는 과정에서도 제대로 뿌리를 내리지 못했죠.

농촌 생활이 나름대로 힘들어서 다시는 이쪽 일을 안 하겠다고 생각했습니다. 사법시험 역시 농업법을 해서 뭐가 되어야겠다는 계획표를 가지고 준비했던 건 아니었어요. 직장 생활보다는 나을 것 같다는 단순한 생각에서였습니다. 변호사가 돼서 남들이 많이 하는 분야도 해보고 싶었고요. 요즘 대학 신입생들에게 인기가 많은 분야가 국제통상이라고 하는데, 저도 통상법을 공부했습니다. 세계무역기구에서 연수를 받기도 했죠. 직접 가서 보니 농업 통상법이 제일 중요하더라고요. 통상법 중에 가장 판례가 많은 게 농업 식품 분야였고, 통상 과정에서 핵심적인 분야 역시 농업 분야였어요.

직접적인 계기는 농민들이었습니다. 변호사를 하면서 저를 찾아와 도움을 요청했던 분들이 농민들이었거든요. 중국산 마늘이 너무 많이 수입되는 바람에 국산 마늘이 폭락하자 의성, 제주, 함평 등 전국의 마늘 재배 농민들이 절 찾아왔습니다. 그래서 피해 조사 개시를 정부에 요구하는 법적 절차를 진행했어요. 또 쌀 수입 자유화 협상이 세계무역기구 협정에 어떻게 되어 있는지 농민들이 제게 묻기도 했어요. 아파트나 골프장을 짓는다고 땅을 빼앗긴 농민들도 저를 찾아오곤 했습니다.

그렇게 농민들과 자주 어울리면서 그분들에게 조금이라도 도움이 되었으면 좋겠다고 생각했습니다. 처음에는 로펌이라고 하는 큰 법률 회사에 취직해서 과외 시간에 틈틈이 농민들과 만났습니다. 그런데 어느 순간 이게 단지 부업으로 해서 될 일이 아니겠다 싶었어요. 로펌을 사퇴하고 조그마한 사무실을 열어서 조금이라도 힘이 있고 젊을 때 이쪽 일을 해야겠구나 싶었습니다. 그래서 독립을 했어요. 시간을 좀 더내어 농업법과 FTA도 공부했습니다. 한미 FTA에 투자자 국가 제소라고 해서, 한국 정부가 국제 중재에 회부당하는 잘못된 제도가 들어가지못하도록 활동했고요. 목표를 100% 달성하지는 못했지만, 아직 끝난것은 아니에요. 많은 사람들이 한미 FTA 문제를 알게 되었지요. 또 한미 FTA 한글본 번역이 잘못된 것도 밝혔어요. 결국 정부는 번역 잘못을 인정했지요. 당장 성과가 없다고 해서 낙담하지 않아요.

마지막으로 청소년들에게 드리고 싶은 말이 있는데, 길게 내다보면여러분이 가지고 있는 생각을 우리 사회에 충분히 의미 있게 펼 수 있다는 것입니다. 여러분 머리와 마음에 들어 있는 것들이 지금은 정리되지 않더라도, 지금 하는 고민과 지금 읽는 책의 메시지들이 쌓이고 쌓여 여러분 앞으로 인생에 중요한 밑거름이 됩니다. 여러분의 머릿속, 가슴속에 들어 있는 것을 잘 키워나가세요. 여러분의 뜻을 담을 수 있는 삶을 살아갈 수 있을 것입니다. 경청해주셔서 감사합니다.

자연에 밥을 주듯,
내 몸에 밥을 주자

문성희

가공하지 않은 자연 그대로의 맛을 음식에 담아내는 자연요리 연구가. 요가, 명상, 단식 등을 통해 몸과 영혼을 살리는 삶을 실천하고 있다. 소박하고 간단한 자연식 요리 만드는 방법을 많은 이들에게 전하고 있으며, 현재 괴산 생태 공동체 마을 '미루마을'에 터를 잡고 연구와 강의를 진행하고 있다. 사단법인 평화가깃든밥상 이사장이자 살림음식연구소 대표이다. 지은 책으로 『평화가 깃든 밥상 1, 2』가 있다.

안녕하세요? 다들 아침을 안 먹어서 기운이 없는 거예요? 여러분, 음식 먹을 때 제일 좋은 반찬이 뭔지 아세요?

청소년 ： 배고픔!

맞아요, 배가 고파야 밥이 맛있어요. 오늘 여러분이 다함께 아침밥을 굶었다고 이야기 들었어요. 굶어보니 어때요? 내 몸이 뭐라고 해요?

청소년 ： 밥 달라고! 정신이 멍해요.

맞아요, 우리는 밥을 안 먹으면 못 살아요.

나는 태어나기 전에 어디에 있었을까? • • •

질문 하나 할게요. 여러분은 왜 살아요?

청소년 : 먹기 위해 살아요. 하고 싶은 게 있어서.

그럼, 하고 싶은 걸 하려면 어떻게 해야 되지요?

청소년 : 살아남아야 돼요.

살아남으려면 뭐가 필요해요?

청소년 : 밥을 먹어야 돼요.

밥만 먹어요?

청소년 : 의식주가 필요해요.

그래요, 살아가는 데 필요한 최소한의 것은 있어야 되겠죠? 첫 번째
로 있어야 하는 게 뭐예요?

청소년 : 음식? 공기?

과연 그럴까요. 지금부터 1분만 숨을 멎어볼까요? 멈춰져요? 사실,

숨이 끊어지면 밥이고 뭐고 아무 필요가 없어요. 내 몸 안에 들어온 이 숨을 돌아가게 하려면 뭐가 필요해요? 자동차가 굴러가려면 휘발유가 필요하듯, 몸이 돌아가게 하려면 에너지가 필요한데 그건 밥으로 얻는 거예요.

여러분이 사는 데 밥이 필요하다고 했는데요, 여러분은 태어날 때부터 지금의 모습이었나요? 아니지요. 갓난아이 때 사진 본 적이 있겠죠. 그 애는 원래 어디 있었어요? 엄마 뱃속에 있었죠? 뱃속에 있기 전에는 어디 있었을까요?

청소년 : 정자, 난자?

정자, 난자가 만나기 전에는 있었을까요, 없었을까요?

청소년 : 없었어요.

그럼 나는 어디서 났지? 무에서 유가 된 거예요? 내가 엄마 뱃속에 심어지기 전에 있었을까, 없었을까? 어디에 어떤 형태로 있었을까? 재미있는 질문이죠? 한번 고민해보세요.

나를 만들어준 자연에 감사합니다 •••

밥을 이야기하는 데 근본적으로 알아야 할 게 있습니다. '내 몸은 여태까지 내가 먹었던 것으로 만들어져 있다.' 이 명제가 맞다고 생각하나요?

　자, 시간을 거슬러 올라가 생각해봅시다. 엄마 뱃속에 아기가 심어진 다음에는 뭘 먹고 자란다고 하죠? 엄마 자궁 속에서 열 달, 280일 지내는 동안에는 탯줄을 통해서 엄마의 영양분을 먹고 자라요. 태어나고 얼마 동안은 젖을 먹어요. 여러분 중에는 아마 엄마 젖보다 소젖 먹고 자란 사람들이 더 많을 거예요. 사람은 사람 젖을 먹고 자라야 하는데, 소젖을 먹으니까 아토피나 다른 질병을 앓는 사람들이 요새 많아요. 모유나 분유를 뗀 다음에는 이유식을 거쳐 여러 온갖 음식을 먹었을 거예요. 그랬으니까 아빠 팔뚝 길이만큼 작았던 여러분이 이렇게 크게 자랐겠죠? 이런 식으로 생각하면 몸은 내가 먹었던 것들, 영양학적으로 단백질, 철분……으로 만들어졌다고 이야기할 수 있습니다. 이게 맞나요?

　저는 다르게 이야기합니다. 여러분, 제가 손에 쥔 게 뭐죠? 네, 호박씨예요. 이 씨앗이 땅속에 심어져 자라나 꽃이 피고 호박이 되었어요. 이 작은 씨앗으로 호박이 한 개도 아니고 여러 개가 주렁주렁 열립니다. 생명이란 이토록 신비로워요.

　자, 그런데 호박씨가 땅에 심어지면 처음 씨앗 모양 그대로 있을까요, 다른 형태로 변할까요? 당연히 변하죠. 호박씨가 없어지고 싹이 자라는 데 무엇이 필요하죠?

청소년 ： 양분, 햇볕, 물, 흙.

　네, 햇볕과 물과 바람과 흙이 씨를 싹으로 만듭니다. 싹이 자랄 때도 여전히 햇볕과 물과 바람과 흙이 필요하지요. 그래서 호박이 되었어요.

여러분, 한번 이 호박을 먹어보세요. 맛있나요? 아까 이 식탁에 있었던 호박이 지금은 어디에 있어요?

　　청소년 : 제 뱃속으로 갔어요.

뱃속으로 가서 뭐가 됐지요?

　　청소년 : 소화가 돼요. 에너지가 됐어요. 내가 됐어요.

　호박이 내가 됐다고 이야기했어요. 그렇다면 '내가 호박이다' 이렇게 말할 수 있겠네요. 장일순 선생이 쓴 『나락 한알 속의 우주』라는 책이 있어요. 제목 그대로 나락 한알 속에 우주가 들어 있다는 말입니다. 아까 호박이 자라려면 햇볕, 물, 바람, 흙이 필요하다고 여러분이 이야기한 것과 일맥상통하지요. 그런 호박을 먹었으니, 여러분은 무얼 먹은 셈이지요?

　　청소년 : 햇볕, 바람, 물, 흙.

맞아요. 그렇다면 이 몸은 무엇이라고 이야기할 수 있을까요?

　　청소년 : 자연인이요.

그렇죠! 가까운 누군가가 죽은 모습을 본 적이 있나요? 지금 그분들을 볼 수 있어요? 그분들은 어디로 갔어요?

청소년 : 묘지로. 흙으로.

흙만 됐을까요? 물고기가 썩으면 미끌미끌해지고 냄새가 나요. 냄새
는 기체, 공기이지요. 공기가 되고 열이 되고 뼈의 미네랄 성분은 흙이
되고 결국엔 모두 없어져요.
말하자면 나는 자연으로부터 왔고 자연으로 다시 돌아가요. 나는 곧
자연이에요. 내가 자연으로부터 온 내 몸을 가지고 살려면 어떤 마음을
가져야 되나요?

청소년 : 자연이 내 몸을 만들어줬으니까, 감사하는 마음을 가져야
돼요.

호박, 쌀 같은 먹을거리가 없으면 나는 굶어야 돼요. 생명을 이어갈
수 없어요. 그래서 밥이 곧 생명이라고 이야기할 수 있어요. '생명'이란
말도 거창합니다. 그냥 밥은 '살아 있음'이다, 이렇게 말할 수 있어요.
그런데 여러분, 자기 생명을 자연으로부터 빌려왔다고 느끼나요? 대답
이 없네요? 아직까지는 못 느끼겠다는 친구가 많을 거예요. 당연해요.
다시 하던 이야기를 계속 해보죠. 내가 먹었던 것들이 내 몸을 이루
었다고 이야기했는데요. 그렇다면 여러분 몸을 이루는 건 어떤 것들이
있어요? 여태껏 먹은 것들을 생각해봐요. 엄청나죠? 그 모든 게 내 몸
을 이룬 거예요. 중요한 것은 내가 먹은 것이 화학적으로 만들어졌을

때는 생명에 크게 도움이 되지 않는다는 것입니다. 화학첨가물이 든 것을 먹지 말라, 자연으로부터 온 것이 좋다, 이렇게 이야기하는 이유가 바로 여기에 있습니다.

내가 먹은 것이 바로 나! •••

여러분이 엄마 뱃속에 심어졌을 때, 세포가 만들어지고 몸이 만들어졌어요. 몸 세포는 60조억에서 100조억 개에 이릅니다. 내가 단순히 내가 아니고, 100조억 개의 세포가 내 몸을 만들고 있어요. 그 세포 하나하나에 지성(知性)이 있습니다.

쉽게 이야기해보죠. 일본의 과학자 에모토 마사루가 『물은 답을 알고 있다』라는 책을 썼는데요. 눈 입자를 사진으로 찍으면 볼 수 있듯이, 물도 사진으로 찍으면 입자를 볼 수 있지 않을까 하고 이분이 생각을 했답니다. 여러 번의 실험을 거쳐 겨우 성공한 물 입자 사진이 그 책에 실려 있는데요. 실험 결과가 참 놀랍습니다. 물이 든 유리병에 감사, 사랑 같은 글자들을 써 붙여 사진을 찍으면 물의 입자가 눈 결정체처럼 아름답게 빛나고, 반대로 미움, 분노, 화, 꺼져 같은 부정적인 글자를 붙인 후 사진을 찍으면 물 입자가 보기 싫게 일그러졌습니다.

인간의 몸은 70%의 물로 이루어져 있다고 하지요. 그러면 자기 몸에 좋은 말을 해주면 몸이 편안해하겠지요? 이 얘기와 똑같습니다. 우리 몸에 있는 100조억 개 세포 하나하나가 다 살아 있어요. 세포 하나하나가 물처럼 기억을 하고 있습니다. 뭘 기억할까요? 여러분이 먹어왔던 것, 생각했던 것들이 모두 세포에 새겨져 있는 것입니다. 그게 하나의 시스템으로 여러분의 몸이 돌아가고 있어요. 식성이란 것이 그래서 있는 거예요. 내가 많이 먹었던 것들이 더 입에 당기고 편안해요. 내가 좋아하는 음식도 그렇게 생깁니다. 어릴 때부터 생명에 도움이 되는 음식을 먹고 세포가 그걸 기억하고 있으면, 저절로 기름에 튀기거나 느끼한 음식 같은 몸에 안 좋은 음식은 맛있게 느껴지지가 않아요.

여러분은 무슨 음식을 좋아해요?

청소년 : 빵, 피자, 햄버거, 김치찌개.

지금 말한 음식은 어릴 때부터 여러분이 많이 먹은 음식일 거예요. 피자, 라면, 치킨 등에 들어간 온갖 첨가물들이 우리 몸에 들어가서 세포를 이루기 때문에 내가 그 음식이 해롭다는 생각이 들어도 자꾸 그게 끌어당기는 거예요. 세포가 기억하고 있는 시스템 때문에 그렇습니다. 그걸 바꾸려면 단식을 통해서 몸을 깨끗하게 해주고 내 생각을 올바르게 해서 세포가 기억하고 있는 나쁜 습관을 고쳐야 할 필요가 있어요.

왜 신토불이, 로컬푸드인가? • • •

저는 20대부터 요리 선생이었습니다. 여러분이 말한 피자, 치킨, 햄버거, 탕수육 이런 음식들을 만들었어요. 일본에 가서 일식도 배웠고 스테이크 같은 프랑스 요리도 가르쳤던 사람이에요. 그러다 내가 만든 음식이 몸에 해롭다는 걸 알게 되면서 고민을 굉장히 많이 했습니다. 고민 끝에 생명에 도움이 되는 음식을 만들어야겠다고 생각했고, 또 그렇게 살아왔습니다. 이제부터는 그동안 살아오면서 갖게 된 제 나름의 '생명에 도움이 되는 밥' 10가지 원칙을 들려드리려 합니다.

"모든 생명체는 존중받아 마땅하며 나는 생명의 조화를 어지럽히지 않도록 노력한다. 나는 생명이 인간에게 중요한 만큼 다른 생명체에게도 중요하다고 믿어서 채식주의자가 되었다. 나 자신이 잘 살기 위해, 내가 강해지고 건강해지기 위해 죽은 동물의 고기를 필요로 하지 않는다."

저는 이러한 자연주의자 스콧 니어링의 생각에 경의를 표하면서 같은 방식으로 살아가기를 원합니다. 첫 번째 원칙은 제 선택이에요. 저는 20여 년 동안 비프스테이크와 생선 같은 온갖 고기 요리를 가르치는 선생이었지만, 자연에서 빌려온 내 몸을 잘 지키기 위해 채식을 선택했습니다. 자연은 인간만의 왕국이 아니라 자연에 깃든 수많은 생명체의 왕국입니다. 나의 몸은 자연에서 빌려온 것이고 내 안에 생명력이 가득하려면 자연의 협조를 얻어야 하기에, 나의 생명을 유지하는 데 필요한 것 이상으로 자연에서 남획하는 것은 바로 나의 생명력을 악화시키는 일입니다.

두 번째, 되도록 가공식품이나 수입식품을 먹지 않습니다. 가공된 것은 생명력이 없어요. 씨눈이 없어서 자라지 않기에 내 생명에도 도움이 되지 않지요. 그래서 되도록 가공을 적게 한 것, 가공을 하지 않은 것, 화학첨가물을 넣지 않은 것을 먹어야 좋아요. 공장에서 대량생산되는 음식은 멀리하는 게 좋겠죠. 대량생산하여 유통시키려면 어느 정도 식품첨가물을 사용하지 않을 수 없는데요. 식품첨가물은 대개 화학반응을 일으킬 수 있는 것이 많습니다. 여러 달이나 여러 해가 지나도록 썩지 않을 수 있다는 게 이상한 것이지요.

수입식품을 안 먹는 것은 내가 국수주의자라서 그런 게 아니라, 수입식품은 가공을 하거나 방부제를 뿌리게 되어 있기 때문이에요. 수입농산물은 대개 배를 타고 우리나라에 들어옵니다. 비행기로 오면 값이 비쌀 거 아니에요? 배는 운송기간이 오래 걸리기 때문에 농산물이 썩는 걸 막으려고 방부제를 뿌립니다. 당연히 몸에 좋지 않지요. 비경제적이라는 단점도 있어요. 방부제를 뿌리는 등 수입하는 과정에서 여러 절차를 거치면서 농산품의 가격도 올라가요.

'신토불이'라는 말이 있습니다. 몸과 땅이 하나라는 뜻이지요. 내가 태어난 곳의 땅과 공기와 햇볕으로 길러진 씨앗, 과일들이 내 몸과 더 조화가 잘 된다는 옛 어른들의 말씀입니다. 요즘엔 서양말로 '로컬푸드(local food)'라고 흔히들 말합니다. 가까이에 있는 먹을거리를 먹으라는 이야기예요. 이 안에는 여러 가지 의미가 있습니다. 제일 먼저 내 몸에 가장 익숙하고 편안하게 와 닿는다는 것이고, 유통과정이 짧기 때문에 신선도를 유지할 수 있다는 것이고, 유통거리가 가깝기 때문에 값이 싸다는 장점도 있습니다.

로컬푸드만큼 중요한 것이 제철 식품입니다. 하지만 온실 재배가 발달된 이래 날이 지날수록 제철 식품을 찾아보기가 어렵습니다. 설상가상 기후 변화까지 겹쳐 싹 트고 꽃 피며 열매 맺는 시기가 들쭉날쭉하니 여간 걱정이 아닙니다. 그래도 제철에 난 노지 재배(온실이 아닌 자연

환경에서 작물을 재배하는 일) 식물에 관심을 가지는 게 좋습니다. 온실 속 햇볕과 바깥 땅에서 바로 받은 햇볕은 천지 차이입니다. 맛과 색깔, 성정(性情)과 약성(藥性) 면에서 아주 많은 차이가 납니다.

'로컬푸드와 제철 음식을 곁에 두고 먹으라고? 도시 떠나 시골에서 살라는 말이야?' 여러분 중에 이런 생각 하는 분 있지요? 그렇지 않습니다. 농가나 협동조합, 유기농 매장에서 신선한 재료를 구매하면 되거든요. 이게 세 번째 원칙입니다. "씨앗은 농부의 발자국을 들으면서 자란다"라는 말이 있습니다. 무언가가 자라기 위해서 자연의 협조가 필요하지만 누가 어떤 마음과 어떤 태도로 가꾸느냐에 따라서 그 식물이 지닌 에너지가 달라요. 농부에게서 직접 구매할 수 없다면 협동조합원이 되는 것도 좋은 방법입니다. 농가와 도시 소비자가 협조하는 시스템을 갖게 되면 서로 신뢰할 수 있게 됩니다. 마지막으로 유기농 매장을 활용하기도 합니다.

껍질, 뿌리, 씨앗의 생명력 •••

네 번째, 껍질과 씨앗, 뿌리를 버리지 않고 먹어서 먹을거리를 제공한 자연에게 감사를 표합니다. 문명이 발달하고 먹을거리가 풍족해지다 보니 예전에는 씨앗 하나도 버리지 않았는데 지금은 껍질, 뿌리, 씨앗은 다 버리고 부드러운 것만 먹습니다. 그 결과 우리 몸의 면역력이 떨어졌어요.

씨앗은 그 자체로 생명력의 원천입니다. 씨앗이 없으면 싹이 나지 않고 아무것도 아니에요. 뿌리에는 생명을 받쳐주는 힘이 있습니다. 껍질은 왜 필요할까요? 몸에 화상을 입어 피부가 30% 이상 손상이 되면 우리는 살지 못합니다. 껍질은 생명을 보호하는 겁니다. 껍질엔 섬유질뿐만 아니라 항산화 물질이 많이 들어 있습니다. 대기 중의 산소는 불안정해서 닿는 것마다 전자를 빼앗아 가는데 철 성분이 녹스는 것이나 산소와 계속 접촉된 세포가 노화하는 것을 막아주는 것이 항산화 물질입니다.

이산화탄소를 먹이로 삼는 식물들은 산소를 내어놓지요. 내어놓는 산소로부터 산성화되는 것을 막을 보호막이 필요한데, 그것이 껍질입니다. 그래서 식물의 껍질에 항산화 물질이 많이 들어 있습니다. 식물성 보호 물질이 많이 들어 있는 채소를 많이 먹는 게 좋습니다. 배추와 무가 특히 좋습니다.

껍질, 씨앗, 뿌리를 다 먹는 것이 통곡식입니다. 우리가 늘 먹는 쌀은 벼의 씨앗인데요, 쌀의 껍질을 벗긴 것이 백미입니다. 백미가 부드럽긴 하지만, 껍질을 버리고 먹는 것이에요. 되도록 껍질이 있는 현미를 먹는 게 좋아요.

여러분, 구제역이 왜 이렇게 큰 문제가 되었을까요? 예전에는 가축에게 사료로 곡식 찌꺼기를 줬는데, 지금은 소와 돼지에게 나오는 내장을 섞어서 사료로 주기 때문에 가축들이 저항력이 없는 겁니다. 조그만 병균이 퍼지면 가축을 전부 몰살하는데 이러한 위험에 인간도 예외는 아닙니다. 우리도 면역력이 떨어져 있습니다. 여태까지 생명의 원천인 껍질, 뿌리, 씨앗을 도려내고 부드러운 속살만 먹어왔으니 야생의 생명력은 잃어버리고 조금만 거칠어도 못 살 만큼 면역력과 저항력이 떨어졌습니다. 우리의 몸을 이루는 위나 장 같은 모든 시스템은 내 생명을 도우려고, 말하자면 생명 공장을 잘 돌리려고 만반의 태세를 갖추고 있습니다. 그런데 공장 주인이 껍질, 씨앗은 빼고 부드러운 음식만 주니까 애네들이 할 일이 없어요. 슬슬 일해도 되니까 점점 무기력해져서 조금만 힘이 들면 주저앉아 버리는 것이지요. 여러분의 몸이 온실 속의 식물이 되었어요.

미래의 질병은 면역력과 깊은 관계가 있다고 하지요. 면역력을 키우는 데는 껍질과 뿌리, 씨앗이 가진 생명력이 절대적으로 필요해요. 또한 거친 이들을 먹으려면 많이 씹어야 하고, 씹는 동안 소화액이 더 많이 분비되어 대사 작용을 활성화시킵니다. 껍질과 씨앗은 꼭꼭 씹으면 고소한 맛이 느껴지기도 합니다. 이 맛에 길들여지면 먹는 것보다 안 먹는 게 더 힘들어질 거예요.

붉은색, 황색, 흰색, 검정색, 녹색! 다섯 가지 오방색이 살아 있는 음식 •••

다섯 번째, 되도록 조리 가공을 적게 합니다. 지지고 볶고 하는 것을 적게 하고, 재료의 신선한 맛을 최대한 살리는 게 좋습니다. 신선한 먹을거리일수록 맛과 향이 좋기 때문에 양념을 하는 게 아깝다고 여겨질 정도이지요. 시골에 갔을 때 할머니가 방금 밭에서 따온 옥수수나 감자는 찌기만 해도 맛있습니다. 소화 흡수, 분해하는 힘이 약한 사람들은 잘 익혀 먹는 게 필요하지만, 세포가 활성화되고 면역력이 키워지려면 신선한 것이 더 좋습니다. 너무 푹 익히기보다는 살짝 익혀서 재료의 향과 맛을 최대로 살리는 게 가장 좋은 조리법이에요.

여섯 번째, 이 땅에 있는 모든 먹을거리를 골고루 먹습니다. 조리방법은 간단하게 하는 대신 한 가지 요리에 다양한 채소를 골고루 사용하고 밥도 다섯 가지 이상의 알곡을 섞습니다. 반찬 가짓수를 많이 준비하는 것보다는 여러 종류의 먹을거리가 한 그릇에 골고루 담길 수 있는 요리를 하는 게 좋습니다. 반찬 가짓수가 많으면 아무래도 한 번에 다 먹기보다는 여러 번에 걸쳐서 먹게 되기 쉬우며 그럴 경우엔 신선도가 떨어지니까요.

지구상의 모든 생명체는 빛으로 이루어져 있으며, 빛으로부터 생겨났습니다. 가시적인 빛은 다섯 가지 색의 요소들로 이루어져 있는데 이를 우리나라에서는 옛날부터 오방색이라고 부르며 의·식·주의 생활 속에서 광범위하게 사용해왔습니다. 결혼할 때나 아기의 첫돌 때도 생명의 번영을 기원하며 오방색을 썼고, 귀한 음식의 고명으로도 오방색을 썼으며, 티베트 같은 곳에서는 기도 깃발에 오방색을 담았습니다.

우리나라 땅에서 나는 채소나 열매는 다섯 가지 색으로 나눌 수 있어요. 붉은 색을 가지는 채소로 토마토, 딸기, 대추, 구기자, 오미자 등이 있는데, 이것은 화(火)의 기운으로 심장, 소장, 혀를 관장하고 쓴맛이 대표적이에요. 황색은 감, 당근, 단호박 등으로 토(土)의 기운을 가지며, 입, 위 비장을 돋우며 단맛이 우세해요. 흰색은 무, 연근, 도라지 등이고, 금(金)의 기운으로 폐, 대장, 코를 관여하고 매운 맛이 주됩니다. 검정색은 서리태, 흑미, 검정깨 등이고, 수(水)의 기운으로 신장, 귀, 방광, 뼈를 구성하며 짠맛이 대표적이에요. 청색과 녹색은 녹황색 채소에 많은데, 목(木)의 기운으로 담과 간장, 근육, 눈을 도우며 신맛이 대표적입니다.

식구가 많고 식사 시간이 일정했던 예전에는 잘 갖추어진 밥상을 차렸지만, 식구가 적고 각자 생활패턴이 일정치 않은 요즘에는 밥상을 제대로 차리는 게 어려워요. 그럴 때는 다섯 가지 오방색을 지닌 재료들이 골고루 한 그릇에 담기도록 음식을 장만하든지, 간단한 반찬에도 이 색깔들이 골고루 담기도록 하는 게 좋습니다. 한 그릇 밥에도 여러 색을 담아보는 건 어떨까요? 이를테면 하얀색의 쌀에다가 녹미, 적미, 흑미를 섞고, 붉은색의 수수와 노란 기장, 녹색 차조 등을 골고루 섞는 것인데 이렇게 섞으면 밥맛도 좋아집니다.

이렇듯 색을 중요하게 여기는 이유는 생명 에너지의 균형과 조화로움을 담으려 했기 때문입니다. 색이 선명하게 살아 있는 재료로 만든 음식은 우리의 감정 선을 건드려 정서적인 충족감을 주기도 하지요.

자연과 생명을 살리는 밥상 •••

일곱 번째, 음식을 만들 때나 먹을 때나 감사하는 마음가짐을 갖습니다. 농부의 마음을 잘 생각하면서 먹는 게 좋은데, 내가 아는 농부이면 더 좋겠지요? 집 떠나서 객지밥을 먹으면, 맛있게 배부르게 먹었는데 배가 허한 느낌이 들 때가 있습니다. 식당에서 밥을 먹는 것도 마찬가지예요. 반면 엄마가 손수 지은 밥은 든든한 느낌이 들지요. 저는 이 느낌을 허기 에너지와 생기 에너지의 차이라고 생각합니다. 우리의 몸은 에너지로 움직이는데 열량, 칼로리와는 다른 개념입니다. 같은 열량이지만 진기(津氣)나 생기(生氣)로 가득한 열량은 피로감을 가져오지 않습니다. 에너지가 많은 음식은 조금만 먹어도 힘이 나는데 사랑과 존중

"'씨앗은 농부의 발자국을 들으면서 자란다'라는 말이 있습니다. 무언가가 자라기 위해서는 자연
의 협조가 필요하지만 누가 어떤 마음과 어떤 태도로 가꾸느냐에 따라서 그 식물이 지닌 에너지가
달라요. 내가 아는 농부에게서 직접 구매하면 가장 좋겠지만, 협동조합원이 되는 것도 방법입니다.
협동조합은 농가와 도시 소비자가 협조하는 시스템이기 때문에 서로 신뢰할 수 있어요."

을 담으면 에너지가 높아집니다.

여덟 째, 출처를 모르는 음식은 가려서 조심해서 먹어야 합니다. 마냥 끌리는 대로 먹겠어요? 내가 생각하기에 근본이 좋은 것만 가려서 먹겠어요? 이게 어떻게 만들어진 것인지, 이 과자에 뭐가 들어갔는지 확인하면서 먹어야 자기 몸을 보호하는 거예요.

아홉 번째, 너무 과하게 먹지 않습니다. 누군가 나를 부당하게 대하면 화가 나죠. 내 몸 세포들도 자기를 무시하거나 돌보지 않거나 혹사시키면 화가 나서 자살을 하기도 한대요. 그런 미생물이 암세포 같은 것이라고 합니다. 실제로 암덩어리는 얼음처럼 차갑습니다. 생명의 온기가 없어요. 모든 생명체는 따뜻하지 않습니까? 내 몸을 잘 돌보고 세포를 혹사시키지 않게, 위장이 차지 않게 먹는 게 중요해요.

제가 어느 날 몸의 세포들에게 진심으로 사과하고 감사를 표했더니 몸 안의 기운이 확연히 달라지는 게 느껴졌습니다. 그게 너무 재미있어서 마음에게도 "마음아, 나를 만나서 네가 무척 힘들었구나. 미안해!"라고 해보았더니 마음이 무척 기뻐하더군요. 그 후로 저는 몸 세포들과 제 마음의 절친한 벗이 되어 살아가는 법을 알게 되었어요.

내 몸과 마음에게 휴식할 수 있는 여백을 남겨주는 것이 중요합니다. 죽는 날까지 우리는 건강하고 아름답게 살 권리와 의무를 가지고 세상에 왔으니까요.

열 번째, 씨앗이 자라서 꽃 피고 열매가 맺도록 한 햇볕과 바람과 물의 수고스러움을 잊지 않습니다. 그것은 다시 내게 들어와 내 몸으로 모양을 바꿉니다. 곧 햇볕과 바람과 물에 감사하는 것은 내 몸에 자주 사랑을 보내는 것입니다.

자기를 돌볼 수 없고 자기 자신을 사랑하지 않는 사람이 남을 사랑할 수 있을까요? 생명이 존엄하다고 하는데, 생명 중에 가장 존엄한 건 내 생명입니다. 내 생명을 제대로 돌보지도 못하면서 생명이 '존엄하다'고 말하는 것은 앞뒤가 안 맞는 거예요.

내게 없는 것을 남에게 줄 수 없고, 내가 느껴보지 못한 것으로 공감할 수 없습니다. 친구한테 차비가 없는데 내가 돈을 가지고 있지 않으면 도와주지 못해요. 물질이 그런 것처럼, 내 안에 있는 힘도 마찬가지입니다. 내가 건강하지 않은데 아픈 친구를 도와줄 수는 없는 노릇입니다. 그래서 내 안을 채우는 것에 더욱 신경 써야 합니다.

자, 이제 강연을 들었으니 내 손으로 직접 밥을 지어 먹어볼까요? 시간도 딱 점심시간이네요. 감사합니다.

육체를 살찌우는 밥,
영혼을 살찌우는 밥

이명원

대학에서 국어국문학을, 대학원에서 현대비평을 전공했다. 지은 책으로 『말과 사람』, 『연옥에서 고고학자처럼』, 『시장권력과 인문정신』 등이 있다. 실천문학사 주간, 계간 『문화과학』의 편집위원이다. 현재 경희대학교 후마니타스 칼리지 교수로 있으면서 학생들에게 시민교육을 강의하고 있다.

안녕하세요? 이명원입니다. 제 직업은 문학평론가인데 아마 여러분들에게는 생소하게 들릴 것 같아요. 한국과 세계 문학 작품을 읽고 분석하고 소개하는 일을 하고 있는데요. 쉽게 말하면 책을 읽고 글을 쓰는게 제 직업인 셈입니다. 오늘은 여러분들과 함께 위화(余華)의 『허삼관 매혈기』를 중심으로 중국의 평범한 민중들이 가지고 있었던 고통스러운 삶의 상황, 그럼에도 불구하고 끈질기게 솟아오르던 민중적 생명력이 중국 문학사의 정신 속에서 어떻게 전개되어왔는지 살펴보고자 합니다.

오늘날 기존의 초강대국 미국과 2000년대 중반 이후 새롭게 부상하는 중국 두 나라를 일컬어 G2라고 부릅니다. 최근 들어 미국을 중심으로 한 세계가 저물어가고, 그 권력이 중국으로 이양되는 것이 아니냐는 논의들이 오가고 있습니다. 한국에서 보도되는 뉴스를 봐도 중국과 관

련한 비중이 굉장히 높아지고 있고요, 미국의 오바마 대통령은 중국을
공동의 협력자라고 표현하기까지 했죠.

조선, 일본, 중국의 근대문학이 남긴 것 •••

한국인, 넓게는 동아시아인의 입장에서 보면, 중국이라는 국가 혹은 중
화 문명은 이중적인 속성을 띠고 있습니다. 사실 중세부터 중국적·중
화(中華)적 질서가 동아시아의 정치·경제·사회·문화를 매우 강력
하게 작동시켰습니다. 이를테면 조선은 중화체제 아래에서 미묘한 대
립과 긴장관계를 가지고 있으면서도, 실질적으로는 성리학적·유학적
세계관에 입각하여 중국에 대한 강렬한 애정과 믿음, 더 나아가서는 중
국 문화 혹은 중화질서 자체에 대한 강력한 신뢰를 가지고 살았습니다.
물론 그런 중세역사를 돌이켜보면 조선의 입장에서는 좋은 기억도 나
쁜 기억도 골고루 있지요.

   그러다가 근대 전환기에 조선인들의 중국에 대한 생각에 급진적인
전환이 일어납니다. 영국과의 아편전쟁, 일본과의 청일전쟁 이후 청나
라는 급격하게 쇠락하게 되는데 1911년 쑨원(孫文)이 일으킨 신해혁명
이후에는 국민당 정권과 공산당의 마오쩌둥(毛澤東) 세력이 경합을 벌
이다가, 1949년 결국 오늘과 같은 현대 사회주의 국가 중국이 성립하
게 됩니다.

   이런 역사의 진전 과정 속에서 조선의 지배층들이 중국에 대해 갖고
있었던 중화주의적 태도가 20세기를 전후하여 중국으로부터의 자주의
식, 더 나아가서는 중국에 대한 대항의식으로 바뀌는 현상들도 나타납

니다. 아마도 이런 현상은 여러 상황이 맞물려 있는 문제이겠지만, 그 가운데 중요한 요인 중의 하나는 동아시아에서의 근대 일본의 부상에도 한 원인이 있을 겁니다.

1868년 메이지유신 이후 일본은 근대적인 국가 체제를 확립하고 부국강병 노선을 취하는데요. 이후 동아시아의 국제질서를 일본 중심으로 재편하려고 애씁니다. 후쿠자와 유키치(福澤諭吉) 같은 사람은 중국이나 조선은 일본 문명에 비하면 주변적인 야만에 해당하기 때문에 일본이 주도해서 청과 조선을 문명화해야 된다는 주장을 펼칩니다. 이러한 문명론의 기치 아래 일본은 조선과 중국을 침략해서 식민지로 만들어갑니다.

중국인의 정신적 지주라 불리는 루쉰(魯迅, 1881~1936)은 이러한 역사적 격동기에 활동한 작가입니다. 중국 근대문학의 출발점을 마련한 인물이지요. 〈아Q정전〉, 〈광인일기〉 같은 작품으로 우리에게 잘 알려져 있습니다. 반면, 『허삼관 매혈기』를 쓴 위화는 1960년생으로 중국 문학에서는 비교적 신세대 젊은 작가에 속해요. 이런 점에서 루쉰의 〈아Q정전〉과 위화의 『허삼관 매혈기』란 작품을 같이 읽으면 중국 현대사, 중국 문학사 100년 동안에 변한 것이 무엇이고 변하지 않은 것이 무엇인지를 알 수 있어요.

다만 아쉬운 점은 이런 거예요. 비슷한 시기의 조선, 청, 일, 지금 식으로 말하자면 한국, 중국, 일본의 근대문학을 살펴보면 한국의 근대문학이 불행해 보이는 느낌이 들 때가 많습니다. 아마 식민지시대의 문학인 탓이겠지요. 중국 현대문학을 대표하는 작가는 루쉰입니다. 루쉰 문학은 그 뿌리가 민중주의적 · 민주주의적 성격이 매우 강력했기 때문에, 사회주의 중국으로 전환된 이후에도 중국 근대문학의 초석으로 거의 대부분의 중국인민들에게 강력한 영향력을 끼쳤습니다. 중국적인 자존감을 회복하는 데 루쉰이라는 작가가 아주 중요한 역할을 했어요. 아편전쟁 이후 중국인이 가지고 있는 열패감, 자기비하, 그리고 충동적 심리에 따라서 아무런 삶의 목적 없이 흔들거리던 혼란기의 중국인들에 대한 규탄과 경멸, 반성을 촉구하는 날카로운 외침이 루쉰 문학에서는 언급되고 있기 때문이지요. 놀랍게도, 루쉰의 문학은 중국뿐만 아니라 조선에도 강력한 영향을 끼쳤습니다. 지금의 한국인이 대중적으로 무라카미 하루키 문학을 읽듯이 100년 전의 조선인들 역시 루쉰 문학을 읽었습니다. 지금으로서는 상상하기 어렵지만, 당시 일본 문학, 중국 문학, 조선 문학이 하나의 문화권 안에서 유통되고 서로에게 영향을 끼쳤어요.

일본 근대문학의 출발점이라 할 수 있는 작가로는 나츠메 소세키(夏目漱石)를 들 수 있습니다. 국민작가 반열에 올라 있는 소세키의 문학은 종래 동아시아에서 보이지 않던 '개인주의의 확립'이라는 주제를 작품에 그려낸 것이 특징이죠.

비슷한 시기, 조선 근대문학의 출발점이라 꼽을 수 있는 작가로는 과연 누가 있을까요? 단재 신채호, 춘원 이광수, 최남선 선생, 이런 분들이 떠오르지만, 다소 비극적이게도 루쉰이나 나츠메 소세키가 남긴 주제의식과 이후 자국문학사에 끼친 영향력을 생각해보면 아쉬운 점이 많습니다.

물론 춘원 이광수가 조선민족의 정체성 확립을 역설하고 근대문학의 건설을 촉구한 것은 사실이나, 민족개조론을 제창한 이후 결국 노골적인 친일의 길을 걸었던 점에서 명백한 한계를 갖고 있습니다. 일제 말기의 이광수 선생은 여러분 같은 어리고 젊은 학생들에게 학병으로의 자원입대를 권유하기도 했죠. 일본이나 중국의 근대문학의 출발점에서 볼 수 있었던 주체적 양상과는 다른 한국 식민지시대 조선문학의 비애가 아닐 수 없습니다.

저는 이런 점이 참 안타깝습니다. 사실 루쉰이나 이광수 모두 다 비슷한 시기 일본에 유학을 가 근대문학을 체험했습니다. 정도는 다르지만 반식민지의 중국이나 식민지 조선의 문사라는 점에서는 상황이 비슷하고, 그들이 경험한 일본의 상황 역시 유사했을 텐데, 왜 중국인 루쉰이 본 일본과 조선인 이광수가 본 일본에 대한 인식은 전혀 다른 시각으로 나타났던 것일까요? 또 이들의 문학은 왜 서로 다른 길을 걷게 되었던 걸까요? 여러분들이 한번 이 문제에 대해 진지하게 생각해보셨으면 좋겠습니다.

생존에 결박되어 있는 사람들 •••

자, 그럼 본격적으로 위화의 『허삼관 매혈기』를 루쉰의 〈아Q정전〉 등의 작품과 함께 100년이라는 시간의 흐름 속에서 살펴보겠습니다.

위화의 『허삼관 매혈기』는 제목 그대로 '허삼관'이라고 하는 사람이 살기 위해 자신의 '피'를 파는 이야기입니다. 왜 피를 팔까요? 돈이 없기 때문이에요. 아무리 열심히 노동을 해도 식량이 없고 가난해요. 자식이 간염에 걸려서 사경을 헤매는데, 이 극빈의 허삼관은 살려낼 방법이 없어요. 결국 아버지 허삼관은 집안에 재난이 닥칠 때마다 자기 피를 병원에 팝니다. 자기 피를 팔아서 번 돈으로 식량을 얻고, 붕괴되어 가는 가족을 추스르고, 다음 세대에 대한 희망을 가까스로 유지한다는 것은 참 안타깝고 생각에 따라 끔찍한 일이지요. 자기 몸을 상하게 하는 반복적인 매혈, 즉 피를 팔아야만 사랑을 얻을 수 있고 가족이 유지되는 극한적인 상황이 『허삼관 매혈기』에 그려집니다.

사실 아버지 허삼관의 면모는 루쉰의 〈아Q정전〉에 등장하는 '아Q'라는 모순투성이의 인물과 거의 유사합니다. 아Q나 허삼관 같은 유형의 인물들에게 나타나는 근본적인 삶의 목표는 생존입니다. 생활수준이 아니고 생존, 즉 먹고사는 거죠. 프랑스의 계몽철학자인 루소는 『에밀』이라는 책에서 사람은 두 번 태어난다, 첫 번째는 생존하기 위해서 태어나고 두 번째는 생활하기 위해서 다시 태어난다고 이야기했어요. 생존에서 생활로 넘어가는 것은 대체로 20대 전후에 이루어집니다. 스무 살까지는 자기에 대한 꼼꼼한 생각 없이 살지만, 스무 살이 넘어가면 문화적이고 자기성찰적인 삶으로 넘어가야 하죠. 그게 이른바 루소가 제2의 탄생이라 말한 성숙을 의미하는 것이겠죠.

그러나 『허삼관 매혈기』나 〈아Q정전〉, 〈광인일기〉에 등장하는 사람들은 대부분 생존 차원에 머물러 있습니다. 표면적으로는 그래요. 생존 차원에 머물러 있다 보니 우리가 소위 말하는 자기의식이나 사유, 정신, 신념, 세계관 등과 같은 정신적 내용물에 대한 배려가 이들 인물들에게는 잘 나타나지 않아요. 몸뚱어리로써만 존재하는 거죠. 생존에 결박되어 있는 사람들이기 때문에, 그들에게 밥은 몸과 영혼을 살찌우는 게 아니라 오로지 죽어가는 몸을 지탱하기 위한 최소한의 생물적 수준으로만 멈춰 있습니다.

루쉰이 1921년에 발표한 〈아Q정전〉에 등장하는 '아Q'라는 인물은 자존심이 전혀 없는 인물로 그려집니다. 아Q는 아주 의문스러운 인물이에요. 소설을 읽다 보면 그의 진짜 이름이 뭔지, 어디서 태어났는지, 가족은 있는지 없는지 등등이 전혀 알려져 있지 않아요. 아Q가 주로 하는 일은 너스레 또는 허풍 떨기입니다. 물론 그의 허풍에는 아무런 진실도 담겨 있지 않아요. 때로는 성 밖의 사람들에게 자신이 성 안의 부잣집 자식이라고, 귀족의 친척이라고 떠들고 다니지만, 그게 거짓말인 게 단박에 들통이 나서 고통스러워하고 사람들의 비웃음을 사는 인물이 아Q입니다.

　그런데 이런 아Q에게도 삶을 살아가게 하는 처세술이 있어요. 소설속에서 '정신 승리법'이라고 소개되는데요. 아Q의 정신 승리법은 그때그때 상황에 맞춰 자기가 처하게 된 불이익이나 폭력적 상황을 합리화하는 것입니다. 한 마디로 자기합리화입니다.

　이런 식입니다. 가령 소설에서 아Q는 돈이 생길 때마다 도박을 하는데, 늘 잃다가 어느 날 큰돈을 따고 매우 기뻐합니다. 그런데 갑자기 강도가 닥쳐서 돈을 뺏어갑니다. 엄청난 폭행까지 당하고요. 이 같은 상황을 아Q는 이런 식으로 생각합니다. '맞아서 억울하고 돈도 빼앗겨서 억울한데 내가 사람이 아니라 일종의 지렁이라고 생각해보자. 사람이 지렁이를 밟을 수 있는 거 아니냐.' 이렇게 생각하면 전혀 슬퍼할 일이 없다는 거예요.

　어떻게 보면 타인에게 거짓말만 일삼는 인물이 아Q인데, 타인에 의해 수없이 속임수에 넘어가고 폭력적인 상황에 빠져드는 게 아Q이기도 해요. 그런데 이 모든 상황 속에서 아Q에게 하나의 일관된 생각이 있다면 그게 자기합리화입니다. 아Q에게는 이런 자기합리화가 이렇듯 말도 안 되는 자기비하를 통해서 나타나는 거죠.

길을 가다가 어떤 사람이 이유 없이 자신을 폭행하고 돈을 빼앗아간다면 보통 사람 같으면 분노를 느끼고 저항하게 마련입니다. 그런데 아Q는 돈이란 것은 어차피 돌고 돌게 되어 있고, 나에게 와 있는 돈이 영원히 내 돈은 아니라고 생각해요. 어떻게 보면 낙천적인 것 같은데요. 고난에 처하게 되면 아Q가 취하는 이런 방식의 비뚤어진 자기합리화야말로 정신 승리법입니다.

아마도 여러분들은 '정신'이라는 말 때문에 아Q가 뭔가 치밀한 자기 삶에 대한 철학이나 인생관을 가지고 있는 것처럼 볼 수도 있는데 절대 그렇지 않죠. 제 생각엔 아Q 식의 '정신 승리법'은 '정신없음'의 다른 말입니다. 제정신을 가지고 살아갈 수 없는 세계 속에서의 행동방식이에요. 한마디로 말하면 아Q는 제정신이 없는 사람입니다. 자존심도, 일관된 삶의 원칙도 그에게는 없어요. 그럼에도 아Q는 살아가요. 사실 아Q에게 먹고사는 문제야말로 처음이자 끝입니다. 먹고사는 것이 삶의 중심인 생활이죠.

그렇다면 루쉰은 왜 아Q 같은 인물을 그렇게 풍자적으로 그렸던 것일까요? 위화는 왜 허삼관 같은 독특한 인물을 그렸을까요? 아Q와 허삼관이라는 이 비슷해 보이는 두 인물의 차이는 과연 무엇일까요? 이게 바로 100년 전 중국과 현재의 중국 사이에 이루어진 사회 변화와 사람들의 의식 변화를 보여주는 단초일 텐데요. 루쉰이 아Q라는 인물을 그린 것은 젊은 시절 겪었던 엄청난 상처 때문이었습니다.

루쉰, '영혼 없는 몸'을 보다 •••

루쉰이 13세였던 해에 그의 아버지가 이름 모를 병에 걸려 몸져눕습니다. 루쉰은 지역의 용하다는 한의사를 찾아서 아버지를 치료할 수 있는 방법을 구합니다. 그런데 중국식 정통 의학을 하는 명의의 처방이 기묘합니다. 이를테면 3년 서리 맞은 사탕수수, 처음으로 짝을 지은 귀뚜라미 한 쌍 같은 도대체 구할 수 없는 것을 약으로 지어 먹이라고 처방을 내립니다. 아버지의 병환 이전에는 굉장히 유복했던 루쉰의 집안이 약재를 구하는 동안 완전히 몰락합니다. 설상가상 아버지도 4년 만에 속절없이 돌아가셨어요. 그 후 노모와 루쉰은 빈궁한 삶으로 떨어지는데, 이런 개인적인 경험 탓에 루쉰은 중국 한의학에 대해 불신하게 됩니다. 한의사가 말한 대로 다 했는데, 돈은 돈대로 쓰고 아버지마저 돌아가신 현실을 통탄하며, 루쉰은 중국 한의학이라는 게 다 사기고 거짓말이라고 생각하게 됩니다.

이것은 의사 개인의 문제라기보다는 중국의 전통주의가 가지고 있는 인습적인 경향이 이런 문제를 초래한 것이라고 생각하고 신식 학문을 배워야겠다고 다짐하죠. 루쉰은 양의가 되어 중국에 돌아와 병든 중국인들을 고쳐줘야겠다는 생각을 품고 일본의 센다이(仙台) 의학전문학교로 유학을 떠납니다. 루쉰이 유학을 갔을 당시는 러일전쟁이 일어나던 시기였는데, 이 전쟁에서 일본이 러시아 함대에 대항해서 승리를 합니다.

루쉰이 일본 센다이 의학전문학교 1학년을 다닐 때, 생리학과의 어떤 교수가 수업이 예상보다 일찍 끝나면 다큐멘터리를 학생들에게 틀어주곤 했습니다. 그 다큐멘터리는 주로 러일전쟁이 일어나던 당시 일본군이 승승장구하고 있다는 것을 보여주는 국책 다큐멘터리였습니다. 같이 수업 듣는 동료들은 모두 일본인이었고, 루쉰 혼자만 중국인이었는데, 러일전쟁에서 일본군이 승리하는 것을 보고 루쉰 역시 처음에는 환호를 했다고 합니다. 동양인들이 서양인들을 무찌르고 있구나, 나는 일본인은 아니지만 참 자랑스럽다. 이렇게 열광하면서 다큐멘터리를 봤다고 해요.

며칠이 지나 이번에는, 루쉰이 표현하기를, 그동안 잊고 있었던 고국의 사람들이 다큐멘터리 필름에 비치기 시작했다고 합니다. 그것은 좀 끔찍한 장면이었어요. 화면 가운데에 무릎을 꿇고 목을 숙인 채 결박이 되어 있는 한 사내가 있고, 그 옆에는 긴 칼을 들고 그 자의 목을 치려는 자세의 일본군이 서 있는데, 그 주변에는 웃통을 벗은 건장한 사람들이 그 둘을 빙 둘러서서 넋이 나간 표정으로 그 장면을 지켜보고 있었습니다. 그것은 러일전쟁이 일어났을 당시의 상황이었습니다. 결박이 되어 처형을 기다리는 사람은 중국인인데, 일본군이 그를 러시아 첩자라고 체포하여 처형을 기다리는 중이었고, 그 장면을 지켜보는 건강한 사람들은 중국인 동포들이었죠.

그때 루쉰은 거대한 충격에 빠져요. 자기와 같은 중국인이 처형을 당한다는 사실 자체도 수치스럽고 고통스러운 것이었지만, 건장한 사내들이 호기심에 찬 멍청한 시선으로 동포의 처형 장면을 보고 있다는 사실에 충격을 받은 것이지요. 그 순간 루쉰은 깨달아요. '중국인이 일본군에 비해서 체격도 건장하고 힘도 세 보이는데 중국인들이 치료해야 할 것은 몸이 아니라 정신이다. 자기는 중국인의 몸의 병을 고치기 위해서 의대에 왔는데, 중국인이 병들어 있는 심각한 환부는 정신이구

나. 자기 동포가 죽어가는데 멍청하게 구경하겠다고 입을 헤 벌리고 모여 있는 필름 속의 중국인이나 러일전쟁의 필름이 돌아가는데 일본인 틈에서 일본이 아시아를 대표해서 러시아를 대파했다고 기뻐하고 있는 자기나, 가장 큰 문제는 정신의 마비다. 저 마비된 정신의 소유자인 중국인들을 어떻게 할 것이냐.'

여기에 수치심을 느낀 루쉰은 의과대학 공부를 포기하고 자퇴를 합니다. 몸을 고치는 의사를 꿈꾸다가 정신을 고치는 영혼의 의사가 되어야겠다고 결심한 것이죠. 문학으로 중국인들의 병든 정신을 각성시킬 수 있다는 신념이 생긴 루쉰은 그 후 동경으로 가서 중국인 유학생들에게 문예잡지를 내자고 설득하며 동인을 모으기 시작해요. 그러나 잡지 발행은 흐지부지됩니다. 함께하기로 한 동료들이 모두 떠나고 나중에는 루쉰만 남게 되죠. 결국 루쉰은 아무것도 하지 못해요.

반대보다 무서운 침묵 ● ● ●

당시 중국은 청일전쟁에서 패배한 직후였습니다. 일본은 러일전쟁 이후 타이완을 중국으로부터 빼앗아가고 중국을 식민지화할 기회만 엿보고 있었습니다. 동료들에게 중국인들을 치유할 열정도 힘도 없다는 것을 보게 된 루쉰은 이 시기에 완전히 절망합니다.

이후 희망을 잃은 루쉰은 고향으로 돌아와서 3년 동안 어느 폐가에서 아무 생각 없이 묘비석만 베껴 써요. 왜 그랬을까요? 루쉰은 그때의 심정을 이렇게 설명합니다. 어떤 사람이 주장을 펼쳤을 때, 만약 거기에 반대하는 이가 있다면 그 사람은 절망할까? 그렇지 않다. 보통 사람들은 저 친구가 왜 내 의견에 동의하지 않을까? 내 의견에 무슨 문제가 있을까? 그렇다면 이렇게 제안을 해볼까? 고민하면서 분발을 해요.

루쉰에게는 자신의 주장에 친구들이 아무런 반응도 없다는 것이 큰 충격이었습니다. 반식민지화되는 중국 상황에 위기의식을 느끼고, 중국인들의 영혼의 병을 치유하기 위해 문화예술 운동을 하자고 했을 때, 만약 누가 격렬하게 반대하거나 찬성했다면 자신이 그렇게 괴롭지는 않았다는 거예요. 문제는 그런 주장을 펼치는 사람만 뜨겁고 나머지는 무반응인 상황이었습니다. 루쉰 자신이 문학을 하고 글을 쓰고 중국의 변화에 대해 이야기해보자고 친구들에게 제안을 하면 찬성이든 반대든 해야 하는데, 찬성도 반대도 없고 침묵뿐인 상황을 루쉰은 개탄합니다.

이런 침묵이 일반화된 현실 속에서 루쉰이 할 수 있는 건 사실 아무것도 없었습니다. 루쉰은 그렇게 적막감에 빠져 3년 동안 금석문을 베끼고 필사하면서 무의미한 나날을 흘려보냅니다. 그때 한 친구가 찾아와서 루쉰에게 글을 써보지 않겠냐고 제안하죠. 그 친구는 루쉰이 동경에서 꿈꾸었던 문화예술 운동을 중국에서 펼치고 있던 친구였는데, 훗날 중국의 신문화 운동에 중요한 역할을 할 《신청년》이라는 잡지를 내고 있었습니다. 그러나 루쉰은 그의 제안을 거절해요. 동경에서 시도도 해보지 못하고 실패한 경험 때문이었습니다. 그들이 하려는 문화예술 운동 역시 보나마나 안 될 게 뻔하고, 중국인들은 가망이 없어서 백날 해봐야 그들이 생각하는 것만큼 변하지 않을 것이라 체념한 상태였거든요.

친구의 설득에 루쉰이 지금 중국이 처한 상황을 비유를 들어 설명합니다. 그것은 바로 무쇠로 된 방이었습니다. 이 쇠로 된 방은 공기도 빛도 통하지 않고 문도 하나 없이 완전히 밀폐되어 있습니다. 이 방에는 아주 많은 사람들이 빼곡히 잠들어 있습니다. 사람들이 호흡을 하다 보니 서서히 방 안의 공기는 줄어들고 있고, 이대로 간다면 사람들은 혼수상태에서 죽어갈 것입니다. 그러나 장점은 있습니다. 고통 없이 죽어갈 수 있다는 것이죠. 지금 모두가 이런 상황에 처해 있는데, 그중 한 사람이 깨어나서 주변의 잠들어 있는 사람을 흔들어 깨웁니다. 그리고 이렇게 제안을 한다고 쳐봅시다. '이대로 있으면 죽게 돼. 저 벽을 뚫고 나가야 하지 않겠니?'

무쇠로 된 방이기 때문에, 현실적으로 아무리 벽을 친다 해도 열릴 가능성은 없습니다. 이런 상황을 빗대어 루쉰은 질문을 던집니다. '그 사람이 몇 사람을 깨웠다고 치자. 벽이 깨질 가능성은 없는데 이 사람들이 절망적으로 몸부림을 치다가 고통과 공포 속에서 죽어가는 게 낫냐, 아니면 혼수상태에서 고통 없이 자기가 죽어가는 줄도 모르고 죽어가는 게 낫냐.'

루쉰은 《신청년》을 만들고 신문화 운동을 해서, 중국인들의 정신과 영혼을 개조하자고 부르짖는 친구의 의욕이 무모한 짓임을 이런 비유를 통해 말한 것입니다. 중국인들은 혼수상태에서 고통 없이 죽어가는 편이 낫지, 괜히 아무런 방법도 없는데 깨워서 '벽을 부수자, 살 수 있다'라며 헛된 희망을 줄 필요가 없다는 것이죠. 그때 친구가 한마디 합니다.

'그래도 혹 저렇게 잠들어 있는 사람들이 모두 일어나 한꺼번에 쇠벽을 향해서 힘껏 몸을 던져 부딪쳤을 때, 만에 하나 저 쇠로 된 방이 열릴 수 있는 가능성이 아예 없다고는 할 수 없지 않은가?'

"건장한 중국 사내들이 일본군에 의해 죽어가는 동포를 호기심에 찬 멍청한 시선으로 바라보고 있다는 사실에 루쉰은 거대한 충격에 빠집니다. 그 순간 루쉰은 깨달아요. '중국인이 치료해야 할 것은 몸이 아니라 정신이구나. 가장 큰 문제는 몸의 병이 아니라 정신의 마비다.' 여기에 수치심을 느낀 루쉰은 의과대학 공부를 포기하고 자퇴를 합니다. 몸을 고치는 의사를 꿈꾸다가 정신을 고치는 영혼의 의사가 되어야겠다고 결심한 것이죠."

희망을 말살할 권리는 누구에게도 없다 •••

현실적으로 저 벽이 깨질 수도 없고 열릴 수도 없지만, 그게 요행이든 기적이든 그래도 일단 부딪쳐봐야 하는 게 아니냐는 친구의 이야기를 듣고, 루쉰은 글을 쓰기 시작합니다. 그렇게 쓰기 시작한 소설이 〈아Q정전〉이에요.

루쉰은 아Q라는 인물이 가지고 있는 자기비하적이고 모순적이고 자기합리화에 능한 사기꾼 기질과, 시대에 편승하며 아무런 철학도 사유도 자존감도 없이 항상 고통스러운 피해자가 되고 있는 아Q의 면모가 중국인의 일반적인 표상이라고 생각했습니다. 그래서 아Q로 상징되는 중국인들을 루쉰은 격렬하게 비판합니다. 아Q형의 인물은 한마디로 광인, 미친놈들이에요.

루쉰의 〈광인일기〉에는 폐병을 앓는 사람이 피 묻은 만두를 먹는 이야기가 나옵니다. 피만두를 먹으면 병이 낫는다는 민간요법이 있었는데, 만두에 방금 처형당한 사람의 피를 적셔서 먹어요. 물론 피만두를 먹어도 병은 낫지 않습니다. 말하자면 〈광인일기〉는 이런 이야기를 하고 있는 것입니다. '우리 중국 사회는 사람이 사람을 잡아먹는 사회다. 내가 살기 위해서 죽어간 사형수들의 피 묻은 만두를 먹는 것이나, 건강에 좋다고 죽어간 사람들의 간을 먹는 것이나, 이게 식인사회가 아니고 무엇이냐?' 루쉰의 눈에 비친 중국인들은 서로가 서로를 잡아먹는 식인종이었습니다.

아Q형의 자존심도 없고, 일관성이 없으며 자기비하를 일삼고 자학하는 인간들이 1900년대의 중국인들이라고 루쉰은 생각했습니다. 그것은 러일전쟁 이후에 중국인들이 처해 있는 상황이기도 했고요. 자기가 살기 위해서 타인의 피를 함부로 묻히는 사회, 심지어는 사람이 사람을 잡아먹는 기괴한 사회, 제정신이 없이 미쳐 돌아가는 사회. 이런 사회 이상으로 가면 중국 역사에는 아무런 희망이 없다고 루쉰은 말합니다. 과연 희망 없이 살아가는 게 가능할까요?

루쉰이 말하고자 한 것은 희망이었습니다. 여러분 같은 청소년, 청년들에게 희망을 가르쳐주기 위해서 말입니다.

〈고향〉이라는 단편소설에서 루쉰은 희망에 대해 이야기합니다. '과연 희망이란 있는 걸까?' 소설에 이런 문장이 나오죠. '희망이란 있다고도 할 수 없고, 없다고도 할 수 없다.' 그러다가 문장이 비약을 합니다. '처음부터 땅 위에 길이 있었던 게 아니다. 많은 사람들이 걸어가기 시작하자 길이 생겨났다.' 소설은 이렇게 끝을 맺습니다.

비록 당시 중국 사회가 아무리 희망이 없어 보이기는 해도, 그 누구도 인간에게서 희망을 말살할 권리는 없다고 루쉰은 생각했습니다. 처음에는 어디에도 길이 없었어요. 많은 사람들이 왔다 갔다 하다 보니 땅 위에 길이 생겨나는 것처럼, 처음부터 희망이 있는 사회란 없겠지요.

그것이 실현 가능한 희망이든 불가능한 희망이든, 명료한 희망이든 막연한 희망이든, 희망이라는 것 자체가 있다는 생각을 누군가가 없앨 수는 없습니다. 루쉰은 아Q형의 인물이나 광인, 서로가 서로를 잡아먹는 식인 사회의 중국인들에게도 길이, 희망이 생겨날 수 있다고 생각했습니다. 절망감에 폐가에서 은닉하던 루쉰이 〈아Q정전〉이나 〈광인일기〉 같은 글을 쓰기 시작한 것도 그 희망에의 믿음 때문이었어요.

"루쉰이 보기에 러일전쟁 이후의 중국은 자기가 살기 위해서 타인의 피를 함부로 묻히는 사회, 심지어는 사람이 사람을 잡아먹는 기괴한 사회, 제정신이 없이 미쳐 돌아가는 사회였습니다. 비록 당시 중국 사회가 아무리 희망이 없어 보이기는 해도, 그 누구도 인간에게서 희망을 말살할 권리는 없다고 루쉰은 생각했습니다. 그것이 실현 가능한 희망이든 불가능한 희망이든, 명료한 희망이든 막연한 희망이든, 희망이라는 것 자체가 있다는 생각을 누군가가 없앨 수는 없습니다."

밥을 위해 피를 파는 아버지, 허삼관 이야기 • • •

이번에는 『허삼관 매혈기』를 살펴봅시다. 소설에 등장하는 허삼관은 돈이 떨어질 때마다 피를 팔아요. 피를 팔아서 밥을 사죠. 허삼관의 마지막 삶의 자산은 자기 피예요. 시대 배경이 1950년 초반인데, 가난한 사람이 어찌나 많은지 병원에서 피를 팔려는 사람이 의사에게 수박이니 설탕이니 하는 뇌물까지 찔러주며 제발 내 피를 뽑아달라고 간청할 정도입니다. 허삼관에게는 세 자식과 아내가 있습니다. 세 아들의 이름은 각각 일락, 이락, 삼락이에요. 첫 번째 기쁨, 두 번째 기쁨, 세 번째 기쁨이라는 뜻인가 봐요.

어느 날 동네에 이상한 소문이 돕니다. 허삼관의 첫째 아들 일락이가 허삼관을 닮지 않고, 기묘하게 같은 마을에 있는 다른 남자를 닮은 것 같다고 동네 사람들이 수군거려요. 그 말을 들은 허삼관은 큰아들 일락이에게 네 진짜 아버지를 찾아가라고 해요. '내가 피를 팔아서 너희를 먹여 살리는데 내 자식도 아닌 너에게 밥을 줄 수 있느냐' 하며 일락을 쫓아냅니다. 일락이가 허삼관의 아들이 아니라는 소문은 아무런 근거가 없어요. 마치 아Q와 비슷하게 남들이 수군대는 소리에 솔깃해서 아들을 쫓아내죠.

일락이는 허삼관이 일락이의 아버지라고 믿고 있는 남자 집에 찾아가 아들로 받아달라고 애걸합니다. 굉장히 코믹한 상황인데, 당연히 일락은 그 집에서 문전박대당하죠. 일대소동이 끝난 어느 날, 막내 삼락이가 같은 학교 애하고 싸움을 벌여요. 두 꼬마의 싸움이 두 집 형제들끼리의 싸움으로 바뀌고, 그 과정에서 일락이가 상대 꼬마아이의 형을 크게 다치게 합니다. 뇌수술을 할 정도로 머리를 크게 다쳐 병원에 입원하게 되죠.

피해자 집에서 피해보상을 하라며 큰돈을 요구하는데, 이때 허삼관은 일락이는 내 아들이 아니니 일락이의 진짜 아버지한테 돈을 받으라고 막무가내로 우기죠. 그러나 결국, 일락이의 문제는 허삼관이 피를 팔아서 해결합니다. 허삼관의 매혈로 가정의 위기를 모면한 것처럼 보이던 어느 날, 허삼관네 가족은 다시 배고픔에 힘겨워합니다.

당시 중국 사회는 문화대혁명이라는 이름의 사회개조운동이 일어납니다. 가령 문화혁명 이전까지는 농민 같은 경우 자기 농토가 있고, 그 땅에서 농사지은 농산물은 자기가 취하는 사적소유가 가능했는데, 초기 문화혁명 과정 속에서 협동농장을 만들어 공동생산·공동분배하는 방식으로 사회가 변모하기 시작합니다. 소설에 의하면 소농체제가 공동농장으로 바뀌고, 식사도 자기 집에서 하는 게 아니라 동네 마을회관 같은 곳에서 공동으로 하게 됩니다. 일도 인민공사(人民公社)라고 해서 집단적으로 하게 되죠. 처음 허삼관 일가는 이러한 변화에 아주 기뻐합니다. 이제는 국가에서 쌀도 주고, 직접 밥을 해먹을 필요 없이 공동 식당에서 먹으면 되니까요. 그러다 식량이 떨어지는 위기 상황이 닥치게 됩니다. 다시 빈궁해진 허삼관 일가는 밥을 먹지 못하고 하루하루 굶주리고, 허삼관은 다시 병원에 가서 피를 팔아 아이들에게 국수를 사 먹이는 처지에 빠집니다.

당시 문화혁명을 하는 과정에서 혁명 이전에 마을이나 공동체 안에 있었던 비리에 대해서 비판하고 단죄하는 운동들이 홍위병에 의해서 일어납니다. 소설 속에서는 일락이가 같은 동네의 다른 남자를 닮았다는 소문을 믿었던 아버지 허삼관이 세 자식에게 어머니의 부정한 행실에 대해 자아비판하게 합니다. 소설에서는 홍위병의 주체가 일락이, 이락이, 삼락이었던 거예요.

위화가 1960년생인데, 1950년대 생이나 위화 세대를 보면 마오쩌둥 당시 문화대혁명이 가지고 있던 전통적인 질서의 파괴와 사회주의 체제로의 급변이 남긴 상처가 굉장히 커 보입니다. 홍위병 세대가 성장해서 지금 50~60세가 되었는데, 이 세대는 마오쩌둥 주석이 제시했던 혁명의 노선에 자기 의지와는 무관하게 집단적으로 휩쓸린 고통의 체험을 가지고 있습니다. 중국의 신세대 위화는 그 상처의 일부를 어떻게 보면 블랙 코미디처럼 이락이가 어머니의 행실, 정조를 비판하면서 규탄하고 거기에 삼락이가 동의해서 박수치고, 허삼관이 마오쩌둥 주석의 말에 우리가 잘하고 있다고 으쓱해하는 장면으로 그려낸 것이죠.

소설에는 홍위병들이 전국 순례를 하고 지식인들이 농촌으로 내려가는 장면이 묘사되는데, 이는 실제 문화혁명 당시 하방운동(下方運動)이라는 이름으로 이루어졌던 것이었습니다. 이때 일락이도 홍위병으로 돌아다니다가 어느 공장에서 일하게 되는데, 간염에 걸려서 오늘내일 하게 됩니다. 지금까지 일락이가 자기 자식이 아니라고 온갖 우스꽝스러운 일을 벌였던 아버지 허삼관은 아들의 병마 소식에 무슨 생각을 했을까요? '일락이를 살려야 한다. 일락이는 내 아들이다'라고 생각하며 아들을 살리기 위해 또다시 피를 팔고자 합니다. 그 큰 병원비와 수술비를 댈 돈이 허삼관에게 없기 때문이었지요. 그 전까지는 밥을 먹기 위해서 피를 팔았는데, 이제는 일락이의 생명을 살리기 위해서 팔 수 있는 게 자기 몸뚱어리, 피밖에 없었습니다.

더구나 마련해야 할 돈이 많다 보니, 전과는 비교할 수 없을 만큼 많은 양의 피를 뽑습니다. 허삼관은 거의 죽을 지경이 될 때까지 그렇게 피를 뽑습니다. 결국 허삼관의 매혈로 일락이는 살아나고, 허삼관 역시 살아납니다. 시간이 흘러 60세가 된 허삼관은 옛날에 매혈하던 병원에 찾아갑니다. 예전에는 집안에 일이 생길 때마다 피를 팔았지만 이번에는 생애처음으로 자신을 위해서 매혈을 하고자 합니다. 문득 지난날 매혈하고 나서 사 먹었던 돼지간볶음과 황주가 먹고 싶었던 겁니다. 병원에서는 백발노인의 피를 사주지 않고 대신 허삼관의 아내 허옥란이 돼지간볶음과 따뜻한 황주를 그에게 사주지요. 허허허 웃으면서 허삼관은 이렇게 말합니다. "내 평생 이렇게 맛있는 돼지간볶음은 처음이야." 소설은 이렇게 끝이 납니다.

『허삼관 매혈기』는 블랙 코미디 구조로 되어 있습니다. 위기에 빠진 가정을 구하기 위해서 할 수 있는 일이 자기 피를 파는 것밖에 없는 비극적인 상황인데, 매순간 희극적인 어조와 분위기를 띠어요. 얼굴은 웃고 있는 것 같은데 그 안에 거대한 슬픔을 담고 있는 것을 알면, 그 슬픔의 폭이 더 커지거든요. 인물들과 어조가 희극적이고 명랑해 보이기까지 해요. 거의 슬랩스틱 코미디를 보는 것 같지요.

자기보존을 위한 피, 타인을 위한 피 •••

『허삼관 매혈기』는 밥을 벌기 위해서 피를 팔고, 목숨을 위해서 피를 파는 상황을 그리고 있습니다. 위기에 빠진 가정을 구하기 위해 할 수 있는 게 자기 몸뚱어리를 던지는 것, 자기 피를 파는 것밖에 없어요. 허삼관이 매혈을 하는 것은 밥과 생명과 가족을 지탱하기 위한 마지막

몸부림인데, 피라는 소재는 루쉰이 100년 전에 쓴 〈광인일기〉에도 등장했죠.

앞서 살펴봤듯이 〈광인일기〉에서는 오로지 자기보존을 위해서 타인의 피를 취해요. 오직 자기만 살겠다고 타인의 죽음을 이용해 죽어가는 사형수의 피를 만두에 찍어 먹었어요. 건강에 좋다고 죽어가는 사람의 간을 먹었어요. 루쉰이 표현했던 피는 철저하게 이기적인 목적에 종속되어 있습니다. 자기만 생존해야겠다는 이기적인 사람들이 가득 찬 곳에서는 삶의 방식이 아귀다툼뿐이죠. 자기보존을 위해 타인을 희생시키고, 나 살기 위해서 남의 죽음에 대해서 아무런 감정이입을 할 수 없게 됩니다.

한참 시간대가 흘러 현재 활동하고 있는 위화는 피를 다른 방식으로 그려내고 있습니다. 허삼관이 우스꽝스럽고 무책임해 보이고, 심지어 큰아들이 남의 자식이라고 몰아내고, 아내를 의심하는 인물로 그려지지만, 결과적으로 허삼관이 보여주는 것은 자기보존의 문제가 아니라 자기를 둘러싼 가족들, 타인들을 향해 있습니다. 〈광인일기〉에 등장하는 광인이 허삼관 같은 상황에 있다면, 자기 피를 팔지 않았을 거예요. 자식과 부인에게 피를 팔라고 닦달했겠죠. 철저하게 자기보존적이던 인물이 자기희생적이고 타인지향적인 인물로 바뀌어 있어요.

중국 소설에는 아Q형의 인물이 자주 등장하는데요, 자기기만적이고 자기합리화에 능하며 아무런 줏대와 가치 없이 결국 자기를 학대하는 인물형을 중국문학에서는 그렇게 부릅니다. 허삼관은 아Q형 인물이에요. 그러나 100년 전 아Q는 결국 형장의 이슬로 사라지는데 반해, 아Q형 성격을 보여주는 허삼관은 60세가 넘을 때까지 피를 팔아가면서 끝까지 살아남습니다. 아Q의 행동을 일상 속에서 반복하면서 그렇게 살아남아요. 그 이유는 어디에 있을까요?

주인공들이 처해 있는 사회적 구조는 크게 다르지 않아요. 피는 생명을 담보로 한 것입니다. 최소한의 생존을 위해서 생명을 담보로 피를 팔아야 하는 사회적 구조, 간단히 말해 밥을 벌기 위해 피를 팔아야 하는 고통스러운 삶의 조건은 100년 전이나 문화혁명 전후의 1950년대부터 60, 70년대나 크게 바뀌지 않았어요. 그러나 그러한 삶의 조건에서 사람들의 가치지향은 바뀌어 있습니다. 서로가 서로를 잡아먹는 관계에서 타인지향적이고 자기를 희생하는 관계로 바뀌었죠. 인간관계와 가치관, 사회적 분위기가 달라져 있어요.

〈아Q정전〉의 아Q는 고립되어 있습니다. 가족도 없고 공동체에서도 그를 배제시켜요. 마치 요즘의 홈리스와 비슷해요. 혼자 폐가에서 살고, 친구와 관계 형성도 하지 않고 가족도 없이 지내요. 철저하게 강요된 유아독존적인 인물이죠.

그에 반해 허삼관은 이웃과 가족과 관계 형성이 되고 있어요. 물론, 그 과정에서 가족과 공동체와 갈등이 있고 서로 상처를 주고받기도 하지만, 그럼에도 관계가 유지되는 방향으로 나아갑니다.

허삼관이 자신의 피를 팔아서 가족을 먹여 살리고 자식을 교육시키는 것은 부모들이 살아가는 모습에 대한 은유입니다. 허삼관에게 희망은 일락이, 이락이, 삼락이와 같은 자식 세대였어요. 비록 자기 세대는 피를 팔아서 연명하는 극한적인 고통에 빠져 있었지만, 일락이, 이락이, 삼락이에 대한 믿음과 희망을 포기하지 않았고, 그것이 결국에 죽어가는 일락이를 살려낸 것이죠.

"최소한의 생존을 위해서 생명을 팔아야 하는 사회적 구조, 간단히 말해 밥을 벌기 위해 피를 팔아야 하는 삶의 조건은 100년 전이나 50년 전이나 크게 바뀌지 않았어요. 그러나 그러한 삶의 조건에서 사람들의 가치지향은 바뀌어 있습니다. 서로가 서로를 잡아먹는 관계에서 타인지향적이고 자기를 희생하는 관계로 바뀌었죠."

소설에서는 일락이가 허삼관의 자식인지 아닌지 알 수 없게 흘러가지만, 결국 허삼관이 몸져누운 아들에게 "너는 내 아들이다"라고 이야기하는 대목이 나와요. 거기서 일락이가 허삼관의 아들이라는 것이 분명하게 드러납니다. 소설에서의 이런 배치가 아마도 작가가 의도하는 바인 것이죠.

우리가 책이나 문학을 읽을 때, 동일한 주제로 써내려간 작품 여러 개를 함께 읽으면 훨씬 풍부한 독서를 할 수 있습니다. 『허삼관 매혈기』 하나만 읽는 것도 재미있지만, 이것을 루쉰의 〈아Q정전〉과 〈광인일기〉와 겹쳐 읽으면 중국 현대사를 압축적이고 은유적으로 파악할 수 있어요. 시간의 격차 속에서 변하지 않는 것과 변한 것을 비교해서 볼 수도 있고요.

그다음에는 평범한 보통 사람, 대중들이 등장하는 한국 소설, 일본 소설, 유럽 소설에서 비슷한 유형의 인물들은 어떻게 관계 형성을 하고, 어떤 가치지향을 가지고 있으며, 어떤 희망을 품고 있는지 여러분의 눈으로 파악해보세요. 흥미로운 독서법이 아닌가요?

여전히 끝나지 않는 밥 이야기 ● ● ●

밥이라는 것은 기본적으로 자연과의 신진대사나 순환과 관련이 있습니다. 사람도 자연도 더 나아가서는 우리가 살고 있는 시간과 공간 안에서도 신진대사나 순환이 중요합니다. 허삼관은 사실 신진대사 자체에 장애가 있습니다. 밥이 피를 만듭니다. 밥을 먹어야 생존합니다. 그런데 허삼관은 생존을 위해서 피를 팔아야 하는 모순적인 상황에 처해 있습니다.

허삼관은 계속 이런 이야기를 합니다. '빨리 피를 팔아서 밥을 사야지. 빨리 피를 팔아야 국수를 먹을 수 있다. 피를 팔아야 아들이 살아날 수 있다.'

소설은 허삼관 개인의 삶, 그리고 허삼관으로 상징되는 중국인들의 일반적인 삶이 생명의 순환고리가 제대로 이어지지 않는 장면들을 계속해서 보여줍니다. 다시 말해 신진대사의 관점에서 밥이 가지고 있는 긍정적이고 필연적인 기능이 장애에 부딪치는 장면들이 반복됩니다. 그것이 위화가 유년시절이나 선배 세대들의 시대를 바라보면서 파악했던 중국의 현실이었습니다. 오늘날에도 여전히 허삼관 같은 사람이 존재합니다. 도시로 떠나온 수많은 농민공이 있고 양극화가 점점 심각해지고 있습니다. 우리나라도 예외는 아니지요. 계속 피를 팔아야 생존할 수 있는 사람들이 있는 반면에 또 다른 편에서는 신진대사의 자연적인 수준을 뛰어넘어 과잉으로 장애에 부딪치는 사람들이 있습니다.

밥은 평등한 것입니다. 그런데 우리 사회를 보면 어떤 이들은 한 그릇의 밥을 구할 수 없어 끝없이 고통에 빠져 있는 반면, 또 어떤 사람들은 산처럼 밥을 쌓아놓고도 거대한 탐욕의 아가리를 벌리고 있는 장면을 볼 수 있어요. 우리가 밥을 먹을 때 둥그렇게 식탁에 모여 앉습니다. 이건 무엇을 의미할까요? 밥 앞에서 우리는 모두 평등한 존재라는 것을 의미하지요. 그런데 오늘의 한국 사회를 둘러보세요. 도처에서 불평등에 절규하는 사건들이 일어나고 있어요. 밥을 먹어야 될 사람들이 마치 피를 팔아야만 살 수 있는 것처럼 극심한 고통에 빠져 절규하고 있습니다.

용산참사나 쌍용자동차, 그리고 한진중공업 사태를 생각해보세요. 이 사건의 불행한 주인공이었던 철거민들과 노동자들이 요구한 것은 평등한 '밥'의 권리였습니다. 그런데 그 권리를 인정받기 위해 결국 그들은 너무나 많은 희생을 치러야 했어요. 평등하게 밥을 나누는 일이야말로 정의의 출발점입니다.

더불어 밥과 피와 삶의 문제는 단지 인간만의 문제가 아닙니다. 인간과 문명과 자연이 순환할 수 있는 신진대사를 어떻게 회복하는가, 우리의 생각은 여기에까지 닿아야 한다고 생각합니다. 제 이야기는 여기서 줄이고요, 질문 있으면 자유롭게 해주세요.

청소년 : 똑같이 일본 유학을 경험한 루쉰과 이광수가 그 이후에는 어떤 길을 가게 되나요?

이명원 : 이광수가 일본에서 느낀 충격은 루쉰과 비슷했던 것 같습니다. 조선인이나 중국인이 처한 상황이 굉장히 고통스러운 상황이란 것도 자각했던 것 같고요. 한편으로 일본 문명과 문화에 경탄도 했고, 일본이 가진 정치적 역량에 놀랐던 것 같기도 합니다.

조선과 중국이 일본에 의해서 식민지화, 반식민지화되어 끌려가는 원인을 당시의 정치적 역학관계에서 찾기보다는 민족적 정신이 가진 한계에서 찾으려 했던 부분 역시 초기의 루쉰과 이광수에게서 공통적으로 볼 수 있습니다.

근대문명화 자체는 루쉰도 굉장히 놀랍게 봤지만, 루쉰은 일본이라는 국가나 문명이 지닌 이중성을 파악할 수 있는 시야가 있었습니다. 제국주의적 속성 말입니다. 루쉰은 근대문명, 근대화라는 것이 아시아

국가들에 대한 침략논리로 연결될 수 있다는 이중성을 간파하고, 거기에 대항해가는 활동을 펼치지요.

이광수는 일본이 가진 이중성을 파악을 못 한 건지, 아니면 알고 있었음에도 간과하고 망각하려 한 것인지, 루쉰과 같은 방향으로 나가지는 않았습니다.

일본에 매혹되고, 일본을 비판하는 이중적 태도가 루쉰이 가지고 있는 균형감각입니다. 중국 역시 일본처럼 신문화를 건설해야 하는 건 맞는데, 일본과 중국의 명백한 정치적·역사적 갈등 상황에서 일본을 뒤쫓아서는 안 되고 중국식의 신문화를 건설하자는 것이 루쉰의 노선이었습니다. 이광수는 조선식의 노선이 아닌, 일본을 따라잡고 일본화되어야 한다는 노선으로 나아가지요.

청소년 : 우리나라에는 루쉰 같은 혁명적인 사상가가 전혀 없었나요?

이명원 : 많이 있었죠. 저는 만약 신채호 선생이 이광수처럼 조선 안에서 공식적으로 활동할 수 있는 여건만 됐다면, 그분이 가지고 있던 생각들이 한국 문학사뿐만 아니라 한국 사상사와 정신사 측면에서 루쉰과 같은 영향력을 미칠 수 있었으리라 생각합니다.

둘의 차이는 중국과 조선이 처한 정치적 상황에 있었습니다. 중국은 당시 반식민화되어 있었지만, 주권을 가지고 있었습니다. 다른 국가에 의해 중국이 주권 자체를 상실하고 지배당하지 않았기 때문에, 루쉰 류의 사상이 사회에 뿌리내릴 수 있었습니다. 청년들 역시 루쉰의 사상에 대해 다양한 의견을 내놓고 토론할 수 있었습니다. 이와 다르게, 조선은 일본에게 식민지배를 받았고 주권을 상실한 상태였습니다. 루쉰 같은 작업을 국내에서 공식적으로 한다는 것 자체가 불가능한 상황이었지요. 때문에 루쉰과 같은 경향을 지닌 지식인이나 사상가들이 국외에서 그런 작업을 할 수밖에 없었습니다. 이육사 선생도 그런 분들 중 하나이고요, 신채호 선생도 중국에서 활동을 하다 옥사하신 셈이지요.

청소년 : 허삼관에게는 아들 셋이 희망이었어요. 희망이 있었기에 생존을 위해서 살아갈 수 있었다고 저는 생각합니다. 아Q에게도 희망이 있었다면 허삼관처럼 자기보존을 넘어선 삶이 되지 않았을까요?

이명원 : 아Q에게 희망이 없었던 것은 아니었어요. 결혼이 대안은 아니었겠지만, 좋아하는 처자가 있었고, 자기도 가족을 이루어서 떠돌아다니는 삶이 아니라 책임 있는 삶을 살고자 하는 희망이 있었습니다. 그러나 아Q가 보여주는 삶의 태도로써는 그런 만남이 지속될 가능성이 거의 없었습니다. 아Q 자신이 변했어야 했는데, 그런 막연한 희망만으로는 부족하죠. 실제적으로 아Q는 아무런 변화 없이, 남에게 두들겨 맞으면 '나는 지렁이다'라고 자기합리화를 했어요. 이런 자기기만의 태도를 버리지 않았기 때문에 아Q의 미래는 크게 달라지지 않았을 겁니다.

사람을 변화시키는 방법에는 여러 가지가 있겠지만, 크게 보면 두 가지로 구분할 수 있습니다. 첫 번째는 소크라테스 철학에 나오는 산파술, 조산술입니다. 내가 직접 아이를 낳지는 못하지만, 다른 사람이 아이를 더 편안하게 낳게 옆에서 도와주는 조산사처럼, 내가 진리에 대해서 이야기할 수는 없지만, 어떤 사람이 진리에 대해 생각하는 것을 촉진시켜

주는 역할을 하는 방법입니다. 선생님들이 이런 역할을 많이 하죠.

이에 반해 루쉰은 좀 더 과격하게 몽둥이로 때려야 한다고 생각했습니다. 충격을 줘서 각성시키는 방법이지요. 그가 생각하기에 당대의 중국인은 소크라테스 식으로 산파처럼 촉진해서는 어림없고, 아Q 같은 인물에게 고통스러울지라도 송곳처럼 찌르고 죽비를 내리치는 선생님이 필요하다고 보았습니다. 그 호되게 각성시키는 방법으로 그는 문학 예술 운동을 생각했고 문학을 통해서 그러한 활동들을 벌여나가지요.

초기 작품인 〈아Q정전〉이나 〈광인일기〉에서 루쉰이 중국인이나 희망에 대해 비정하게 이야기하는 경향이 있었지만, 아까 말씀드린 〈고향〉이라는 단편에서는 사람들이 걸어가면 길이 생겨나듯이, 희망이라는 것도 있는 것이 아니냐고 이야기하지요. 루쉰이 희망을 대하는 태도에 변화가 있지 않았을까 하는 생각이 듭니다.

청소년 : 현대 작가 중에는 루쉰 같은 작가가 없나요?

이명원 : 그때와 지금은 문학의 성격 자체가 많이 바뀐 것 같습니다. 중국의 루쉰이나 일본의 소세키, 조선의 이광수가 활동하는 당시에는 문학을 한다는 것 자체에 위대함이 있었어요. 책무가 있었죠. 루쉰이 의학 공부를 했지만, 그는 자연과학이 가지고 있는 기술적 힘보다 정신을 선도하고 의식을 변화시키는 문학의 영향력이 훨씬 더 중요하다고 보았습니다. 문학을 단순히 읽을거리라고 생각하지 않았어요. 당시의 작가들은 문학이 국가와 민족을 형성하는 데 중요한 역할을 한다고 보았어요. 민족을 개조하고 나라와 세계를 변화시키는 데 문학이 강력한 힘을 발휘한다고 생각했던 겁니다. 또 여론을 표출할 수 있는 가장 좋

은 글쓰기 양식이 소설 혹은 논설이라고 여겼습니다.

한국에서도 1980년대 후반까지 문학이 비슷한 기능을 했습니다. 그러다 1990년대가 넘어오면서 문학의 성격이 바뀌어 지금은 엔터테인먼트 비슷한 게 되었어요. 오늘날에는 루쉰이나 신채호 선생이 했던 작업을 문학이라는 픽션적인 글쓰기 양식보다는 비허구적인 논픽션 양식 안에서 하는 사람이 훨씬 늘어나고 있어요. 시, 소설, 비평 같은 전문화된 글쓰기 양식이 아니라 보편적인 수준에서 고민할 수 있는 산문가들이 많이 나오고 있어요. 에세이스트들 있죠? 이들은 지역적이고 국지적이고 지구적인 여러 의제를 문학 형식에 녹여내지 않고 자유로운 글쓰기 방식을 통해 실현하려는 사람들입니다. 대학에서 논문 쓰고 문단에서 평론하는 사상가나 지식인도 필요하지만, 여러 사회 문제를 글을 써서 공론화하는 사람들, 발언을 통해 공동체를 형성하고 실질적인 변화를 이끌어내는 사람들도 있어야 하죠. 기존의 문학과 다르게 논픽션 영역에서 해야 할 일이 우리 사회에 점점 많아지고 있습니다.

단지 논픽션 영역이라는 것이 장르적으로 르포, 산문, 에세이만을 말하는 것이 아니라, 사회과학, 자연과학을 포괄하는 양식입니다. 오랫동안 문학에서 논픽션의 기능이 잊혀져왔는데, 문학의 개념이 점점 바뀌고 있습니다. 아마 중·고등학생인 여러분이 성숙한 성인으로 우리 사회 문제를 해결하는 주체로 섰을 때는 논픽션 영역에 대한 필요가 사회에 훨씬 더 높아질 거예요. 픽션, 논픽션이라는 장르 간의 전문성을 뛰어넘어서 사회 변화를 이끌어내는 작가가 여러분 중에도 나오겠죠.

사람은 무엇으로 사는가?

⋮ 밥에 관한 철학적 성찰

박성준

대학에서 경제학을 공부했다. 감옥에서 신학 공부를 시작하여 일본과 미국에서 신학과 평화학을
연구했다. 성공회대학교 NGO대학원에서 평화학을 강의하면서 '아름다운가게' 공동대표와 '비폭
력평화물결' 대표로도 일했다. 지금은 길담서원 대표이다.

저는 철학을 전공한 사람이 아닌데, 감히 여러분에게 밥에 관한 철학 강의를 해보고자 용기를 냈습니다. 철학의 역사가 2,500년쯤 되는데, '밥'이란 주제를 가지고 철학적인 사유를 펼친 사람이 없는 것 같아요. 세계철학사를 읽어보아도 그래요. '밥'이 철학의 주제가 되기에 미흡하거나 천박해서일까요? 아닐 거예요. 고대 그리스 시대부터 철학 하는 사람들이 밥의 문제를 다루지 않았던 것은 아마도 그들이 넉넉한 집안에서 태어나 좋은 교육을 받고 자라 배고픔의 설움을 몰라서 그랬던 게 아닐까 하는 생각이 들어요.

　저는 길담서원에서 '서원지기소년'이라는 닉네임으로 활동하는데 최근에는 '철학소년'이라는 닉네임이 하나 더 생겼어요. 철학 공부를 아주 열심히 하고 있기 때문이에요. 이 강의는 그러니까, 철학소년이 하는 밥에 관한 철학 강의로 제목은 "사람은 무엇으로 사는가?"입니다. 혹시 이 제목, 유명한 책의 제목인데 아세요?

청소년 ： 톨스토이요.

그래요. 톨스토이의 작품 『사람은 무엇으로 사는가』를 제목으로 뽑았고 부제를 '밥에 관한 철학적 성찰'이라고 했어요. 그럴듯하죠?

평화의 밥 철학 •••
여러분, 아침에 밥 먹고 왔지요? 아침에 밥 안 먹은 사람도 있을 텐데 그렇다고 점심도 안 먹을 수는 없지요. 밥은 우리하고 떼려야 뗄 수 없는 것으로 적어도 하루에 한 끼는 먹어야 하지요. 밥을 먹는다는 것은 사람이 정상적인 삶을 유지하기 위한 필수조건이기도 하고요. 살아가는 데 기본적으로 필요한 조건으로 밥 말고 또 뭐가 있지요?

청소년 ： 옷하고 집이요.

맞아요. 의식주(衣食住)가 인간에게 굉장히 중요하지요. 옷과 밥과 집, 그중에서도 밥이 가장 중요합니다. 옷 없이 사는 사람들 있는 거 알지요? 아마존에 사는 사람들, 아프리카의 오지 사람들은 거의 옷을 안 입고 지내요. 그러나 알고 보면 그들은 우리보다 조금 덜 가릴 뿐, 팔찌나 목걸이 같은 것을 착용하지요. 우리와 다를 뿐이지 옷이 아주 없는 것은 아니에요. 또 집도 중요하지요. 집이 없으면 맹수로부터 공격을 받을 수 있고 비나 눈을 피할 수도 없잖아요. 하지만 밥은 안 먹으면 생명이 끝장나는 거니까 옷이나 집에 비해서 엄청나게 중요합니다.

이렇게 없어서는 안 될 밥을 다른 말로 평화라고 할 수 있습니다. 무슨 말이냐고요? 평화는 한자로 '平和'라고 쓰지요. 자세히 보니 和는 禾와 口가 만나서 만들어졌어요. 禾가 무슨 자이지요?

청소년 : 벼 '화'요.

네, 맞아요. 벼는 쌀이 되니까, 쌀[禾]이 입[口]으로 들어가는 것이 和입니다. 그런데 나만 먹고 다른 사람은 다 굶고 있으면 평화로울까요? 아니지요. 그래서 平이란 글자가 필요합니다. 平은 '골고루', '고르게 하다'라는 뜻입니다. 그러니까 평화(平和)는 사람들 입에 밥이 골고루 들어가는 것이죠. 밥을 못 먹는 사람이 없는 세상이 평화로운 세상이고요.

우리 사회에 아직도 끼니를 거르는 사람들이 있긴 합니다만 대부분의 사람들에게 밥은 기본적으로 해결되어 예전처럼 그렇게 절실한 문제는 아니게 되었습니다. 그럼, 오늘날 사람이 사는 데 밥처럼 중요한 것이 무엇이냐고 물어야 합니다. 밥만큼 절실한 그것을 찾아내어 그것을 골고루 나눌 수 있을 때 우리는 '평화롭다'고 말할 수 있는 것이겠지요.

여러분, 평화의 반대말이 무엇이죠? 전쟁이라고 생각하는 사람이 많겠지만, '수가타 다스굽타(Sugata Dasgupta)'라는 인도의 평화학자는 평화의 반대말은 전쟁이 아니라 '평화 없음(peacelessness)'이라고 이야기했습니다. 생각해보세요, 인도나 가난한 아프리카를 보면 어떤 곳은 전쟁이 없어도 평화가 없습니다. 전쟁이 일어나지 않아도 안전한 먹을거리가 없고 아픈데 치료받을 수 없고 살 집과 좋은 학교가 없으면 평화가 없습니다. 사회정의가 무너졌을 때, 평화가 없다는 말이에요.

물질의 의미를 넘어선 밥의 의미, 전태일의 인간선언 ● ● ●

오늘날 세계 인구의 16% 정도가 굶주리고 있다고 하지요. 아이들이 태어나자마자 죽어가요. 이럴 때 우리는 평화로울 수 있을까요? 평화란 사람들과의 좋은 관계가 있을 때 가능해요. 어떤 사람은 밥을 잘 차려 놓고 배불리 먹는데 한쪽에서는 밥이 없어서 아이들이 비쩍 말라 병들어 죽어가요. 이런 세상에서 나는 평화롭다고, 이웃들과 좋은 관계에 있다고 말할 수 있을까요? 어렵지요. 나에게만이 아니라 나의 이웃에게도 이런 밥과 깨끗한 물과 집과 건강과 자유가 보장되어야 합니다. 그래야만 나도 평화로워질 수 있습니다. 이런 생각에 여러분은 어렵지 않게 동의할 수 있겠지요?

40여 년 전, 학교에 가야 할 나이에 밥을 위하여 일을 해야만 했던 어린 청소년들을 보면서 '평화 없음'을 극복하고자 했던 한 젊은이가 있었어요. 전태일이라고 하는데 여러분 들어보았나요? 아이들이 밥이 없어 죽어가는 그런 세상이라면, 나도 평화롭지 않다. 그런 생각을 했던 사람이 전태일, 평화시장에서 재단사로 일하던 청년 노동자 전태일이었습니다. 그는 나만을 나라고 생각하지 않고 나의 이웃까지를 나라고 생각했던 사람입니다. 전태일에게 '나'는 참으로 중요한 단어였습니다. 누이동생 같은 여공들을 그는 '또 다른 나인 너희들'이라고 불렀으니까요.

　평화시장의 봉제공장은 아파트 한 층 정도의 높이를 반으로 나눠 2층으로 만들었어요. 아래층에서 재단과 재봉질을 하면 위에서는 실밥을 따고 포장하는 일을 했어요. 키가 큰 어른들은 일어설 수도 없는 공간에서 허리를 꾸부리고 걸어 다녔고요. 화장실 갈 시간도 없이 하루 14시간, 16시간씩 일을 했습니다. 시설 나쁜 화장실마저도 갈 시간이 없었는데 줄을 오래 서서 기다려야 했기 때문에 짧은 점심시간을 잘라서 가야 했거든요. 거기다 재봉을 하니까 천에서 나오는 먼지가 이루 말할 수 없이 많았습니다. 환풍기가 돌아가지만 그 많은 먼지를 뽑아내지 못해서 다들 기관지염이나 폐결핵을 앓았어요. 정말 힘들게 살았어요. 이런 여공들을 전태일은 '또 다른 나'라고 생각했던 거예요.

　그는 가난으로 인해 어린 나이에 교육도 못 받고 질병과 저임금으로 혹사당하고 있는, 먼지구덩이 속에서 햇빛 한 번 못 보고 졸음을 쫓는 약을 먹어가며 하루 16시간 노동해야 하는 어린 여공들에게도 인간으로서의 최소한의 요구가 있다는 것을 밝히기 위해 할 수 있는 노력을 다 해봤어요. 경찰서도 찾아가고 국회에도 찾아가고 대통령에게 편지를 얼마나 썼는지 몰라요. 그 편지들은 어디로 갔을까요? 청와대 휴지통으로 들어갔겠지요. 결국은 노동자들의 현실을 세상에 알리기 위해 평화시장 거리에서 몸에 기름을 끼었고 불을 지른 채 "근로기준법을 준수하라" 외치며 죽어갔습니다. 그의 죽음을 인간선언이라 부릅니다. 조영래 변호사가 쓴 『전태일 평전』에는 다음과 같은 글이 남아 있습니다.

　그리하여 전태일은 맹세하였다. "인간을 물질화하는 세대 …… 한 인간이 인간으로서의 모든 것을 박탈당하고 박탈하고 있는 이 무시무시한 세대에서, 나는 절대로 어떠한 불의와도 타협하지 않을 것이며, 동시에 어떠한 불의도 묵과하지 않고 주목하고 시정하려고 노력할 것이다"라고. …… 그는 싸웠고 죽어갔다.(조영래, 『전태일 평전』, 아름다운전태일, 2009, 9쪽)

전태일은 1948년생으로 스물두 살 나이에 스스로 자신의 몸에 불을 살랐습니다. 1970년 11월 13일이 바로 그날입니다. 이날은 한국 현대사에서 아주 중요한 날이 되었습니다. 이때, 저는 마르크스의 『자본』을 옮겨 적었다는 이유로 15년형을 선고받고 대전교도소에서 살고 있었어요. 일제시대 유관순, 도산 안창호 선생이 살았던 붉은 벽돌로 지은 감옥이었어요. 그런데 바로 그날, 담 너머로 어떤 소식이 날아들었습니다. 감옥 안에서는 신문을 볼 수 없는 시대였기 때문에 이런 큰 사건이 일어난 것을 모르고 있었는데 감옥을 들락거리는 소위 잡범이라고 불리는 한 사람이 전태일이 죽었다고, 평화시장 거리에서 제 몸을 불살라 죽었다고 전해줬어요. 그때 한국 사회가 들썩들썩했거든요. 저는 그 소식을 듣고 가슴이 아리도록 아팠어요. 이름은 평화시장인데 이름과는 정반대로 그 안에서 사는 사람들은 매일 전쟁과도 같은 삶을 살고 있다는 것을 알았지요. 감옥 안에 갇힌 저는 이럴 수도 저럴 수도 없었지만 전태일이라는 한 사람은 작은 예수라는 생각이 들었어요. 이런 분들의 희생을 딛고 지금 우리가 이만한 사회에 살고 있습니다.

이 사람을 보라, 작은 예수 전태일 ● ● ●

"이 사람을 보라"는 라틴어로 'Ecce Homo'이고, '에케 호모'라고 읽습니다. 거슬러 올라가면 로마시대엔 조금 멋있는 사람이 있으면 "어, 이 사람 봐!"라고 했습니다. 여러분, 괄목상대라는 말 배웠지요? 평소 친하게 지내던 친구를 오랜만에 보았더니 "이 친구가 그 친구야?" 할 정도로 얼굴 표정이 달라졌고 눈이 빛나고 미소가 아름다워졌어요. 못 보던 사이에 그 친구가 좋은 독서와 경험을 하여 지혜로워진 모습을 하고 있는 거예요. 눈을 크게 뜨고 그 친구를 바라보며 "어, 이 사람 좀 보게!"라고 말하는 것이 에케 호모예요.

그런데 신약성서 요한복음 19장 5절에 보면 로마 총독 빌라도가 가시관을 쓰고 끌려나온 예수를 가리키며 군중을 향해 "이 사람을 보라"라고 외쳤다고 하지요. 이래서 이 말은 굉장히 의미심장하고 중요한 말이 되었어요. 군중들이 "그를 십자가에 못 박으세요"라고 소리 질러서 결국 그를 십자가에 못 박았잖아요. 예수를 가리키는 말이 '에케 호모'입니다.

왜 그런데 전태일 앞에 그 말을 붙였을까요? 전태일, 지금 그는 살아 있기 때문입니다. 죽었는데 살아 있다는 말은 그가 예수처럼 부활했다는 뜻입니다.

그는 말하였다. 인간의 생명은 고귀한 것이라고. 부자의 생명처럼 약자의 생명도 고귀한 것이라고. 그는 고발하였다. 이 사회에 밑바닥에는 인간이면서도, 짐승이 아닌 인간이면서 "그저 빨리 고통을 느끼지 않고 죽기를 기다리는, 그리고 죽어가고 있는 생명들"이 있다고.

이들은 "모든 생활에서 인간적인 요소를 말살당하고 오직 고삐에 매인 금수처럼 주린 창자를 채우기 위하여 끌려 다니고 있다"고.(『전태일 평전』, 8~9쪽)

전태일이 말한 "주린 창자를 채우"는 것이 밥의 문제인데요. 여러분 오늘 밥 먹었는데 그 밥이 공짜로 하늘에서 쏟아집니까? 아니지요. 밥은 부모님의 노동의 결과이지요. 그 밥에 의해서 여러분의 삶이 지탱되고 있는 거예요. 지금 이 시간, 여러분의 부모님은 일하고 계세요. 가게에서, 학교에서, 회사에서…… 일을 하고 계실 겁니다. 만약에 부모님이 일을 중단해버리면 여러분의 집에 밥이 없어집니다. 아파도 병원에 갈 수 없고 학교에 가지 못해요. 평화가 없어집니다. 그런데 전태일의 '또 다른 나'인 어린 여공들은 가난했어요. 부모님이 일을 해도 먹고살수가 없었어요. 그래서 초등학교, 중학교에 다녀야 할 청소년들이 평화시장 다락방 같은 곳에서 먼지를 마시며 하루 16시간씩 일을 했단 말이에요. 전태일은 이런 사람들을 위해서 예수처럼 죽고 부활한 것입니다. 따라서 전태일은 한국의 예수라고 말할 수가 있어요. 여기에 있는 철학소년은 한때 신학을 공부하고 교회의 목회도 했는데요. 그때 11월이 되면 반드시 전태일에 대한 설교를 하면서 전태일을 '작은 예수'라고 불렀습니다.

창자로 생각하는 사랑, 케테 콜비츠와 아이들 •••
우리 사회 열악한 노동환경의 개선을 요구했던 전태일의 평화, 이 평화는 전태일의 어머니 이소선 여사의 평화이기도 했습니다. 우리가 밥을 얘기할 때 아버지보다는 어머니를 떠올립니다. 원시시대에 남자들은 사냥을 가서 짐승을 잡아왔고 여성들은 집에서 텃밭을 가꾸고 가축을 돌보며 아이를 낳고 기르고 가족들에게 식사를 준비해서 먹였어요. 오랫동안 이어져온 이러한 문화 때문에 밥 하면 어머니가 떠오르는 것 같습니다.

"내 새끼 목구멍에 밥 넘어가는 소리"라는 말이 있어요. 누구의 마음일까요? 이런 말을 하는 아빠도 있을 수는 있어요. 그러나 이건 엄마의 목소리예요. 가난하던 시절, 내 새끼 목구멍에 밥 넘어가는 소리는 세상에서 가장 좋은 소리, 내 귀에 달콤한 소리, 가장 나를 기쁘게 하는 소리였어요. 이 소리가 들리면 엄마 마음은 한없이 평온해져요. 그렇지만 내 새끼에게 먹일 밥이 없는 엄마의 마음은 어떨까요?

우리말에 마음이 '아리다'라는 표현이 있지요. '아프다'와 '아리다'는 어떻게 다를까요? 중국 사람들의 '사랑한다'는 말 가운데 '통애'라는 말이 있어요. 아플 痛, 사랑 愛. '통아이' 이렇게 발음합니다. 사랑에는 아픔이 들어 있잖아요. '아리다'도 아프다는 거예요. 상처가 곪아서 뿌리가 깊으면 아리지요. 가슴이 아릴 만큼이나 사랑한다는 거예요. 이게 다 어머니의 사랑이에요. 아버지가 이런 사랑을 모른다고는 할 수 없지만 어머니가 알듯이 그렇게는 모를 거예요. 그리고 신약성서에는 예수께서 가난한 사람들을 "측은히 여기셨다"라는 말이 있어요. '측은히 여기다'는 "스프랑크니조마이(splanchnizomai)"라는 예수 시대의 고대 그리스어입니다. 이 말도 '창자가 아리다'라는 뜻이에요. 창자로 생각하는 사랑, 어머니의 사랑입니다. 사랑하는 자식에게 밥을 제때 챙겨줄

케테 콜비츠, 〈빵을 다오!〉, 1924

"오늘날 세계 인구의 16% 정도가 굶주리고 있다고 하지요. 아이들이 태어나자마자 죽어가요. 이럴 때 우리는 평화로울 수 있을까요? 평화란 사람들과 좋은 관계에 있을 때 가능해요. 어떤 사람은 밥을 잘 차려놓고 배불리 먹는데 한쪽에서는 밥이 없어서 아이들이 비쩍 말라 병들어 죽어가요. 이런 세상에서 나는 평화롭다고, 이웃들과 좋은 관계에 있다고 말할 수 있을까요?"

수 없었던 어머니들은 창자가 아릴 정도로 마음이 아팠던 것이지요.

이런 마음은 서양도 마찬가지인 모양입니다. 케테 콜비츠(1867~1945)의 작품을 보면 어머니의 그런 창자로 생각하는 사랑을 표현한 작품들이 참 많습니다. 케테 콜비츠는 아이들의 존재 의미를 작품으로 밝히려고 노력했어요. 아이들과 밥, 아이들과 평화, 어머니의 아픈 마음을 판화로 또는 조각으로 작업했습니다. 여기 〈빵을 다오!〉(1924)라는 작품이 있는데요, 배가 고파서 밥 달라고 떼쓰는 아이들이 있어요. 그런데도 굶주리는 아이들을 지켜볼 수밖에 없는 어머니의 눈물을 표현한 작품입니다.

케테 콜비츠는 1차 세계대전 때 아들을 잃고 2차 세계대전 때 손자를 잃었어요. 전쟁에 나가서 돌아오지 않는 남편과 남편의 뒤를 이어 또다시 전쟁터에 나가 전사한 아들과 또 그 아들의 아들, 이런 겹겹의 모진 아픔을 경험한 세대가 있었어요. 케테 콜비츠는 혁명가는 아니었지만 결국은 이런 경험을 통해서 혁명에 동조하게 됩니다. 이 시대에 변호 받을 수 없는 사람들, 의지할 데 없는 사람들을 이런 판화로 표현한 것이지요.

〈독일 어린이의 굶주림〉(1924)이라는 작품인데요, 아이들의 눈이 평화에 대해서 이야기하고 있지요. 이들의 눈망울, 간절하게 빈 밥그릇을 내미는 아이들의 손을 한번 보세요. 이런 사진을 보면 어떤 느낌이 옵니까? 굶은 경험을 해보지 않은 친구들은 별 느낌이 안 올지도 몰라요. 그렇지만 이런 그림 앞에서 우리가 아무런 느낌을 못 받는다면 그것은 인간성의 문제가 발생했다는 적신호예요. 우리들 삶에 심각한 문제가 생겼다는 경고음이 울리고 있는 거예요.

케테 콜비츠, 〈독일 어린이의 굶주림〉, 1924

"아이들의 눈이 평화에 대해서 이야기하고 있지요. 이들의 눈망울, 간절하게 빈 밥그릇을 내미는 아이들의 손을 한번 보세요. 이런 사진을 보면 어떤 느낌이 옵니까? 이런 그림 앞에서 우리가 아무런 느낌을 못 받는다면 그것은 인간성의 문제가 발생했다는 적신호예요. 여러분의 감수성이 깨어 있다면 '세상에 이런 일이 있어? 난 뭘 해야 되지?' 이런 물음이 절로 터져 나올 거예요."

지금 여러분들은 중학생, 고등학생이잖아요. 한창 감수성이 예민할 때입니다. 『모모』라는 소설 있지요. 모모는 감수성이 얼마나 예민한지, 만일 모모가 이런 그림을 봤다면, 세상에 이런 일이 있어? 지금 당장 난 뭘 해야 되지? 이렇게 다급해할 거예요. 여러분들도 그래야 해요. 우리 교육이 만일 잘돼 있다면, 그래서 여러분의 감수성이 깨어 있다면, 놀라움과 함께 '나는 어떻게 해야 되죠?' 이런 물음이 절로 터져 나올 거예요.

〈죽은 아이를 안고 있는 어머니〉(1937~1938)는 성모 마리아가 죽은 예수를 안고 있는 피에타상을 차용한 작품인데요, 케테 콜비츠가 전쟁으로 아들을 잃은 것을 생각하면서 자화상처럼 만든 작품입니다. 이런 예술작품이 아니더라도 여러분들의 할아버지, 할머니 세대들도 케테 콜비츠와 같은 비슷한 시대를 살아왔어요.

케테 콜비츠, 〈죽은 아이를 안고 있는 어머니〉, 1937~1938

철학소년의 어린 시절 •••

오늘이 하필이면 6·25예요. 1950년 6월 25일, 철학소년은 이 시기에 부모를 잃었어요. 가족을 다 잃고 두 살 아래 동생과 단 둘이 남았죠. 부끄러운 얘기인데, 초등학교 5학년 때 교실에서 수업 중에 내가 어떻게 됐나 봐요. 깨어나 보니 아이들은 다 집에 가고 없고 여 선생님 무릎에 내가 누워 있었어요. 한 선생님은 도시락밥에 물을 말아서 내 입에 떠 넣어주고 계셨고, 다른 선생님들이 나를 걱정스런 표정으로 내려다보고 있었어요. 어떻게 된 일인가 하면, 그때 제가 사흘을 아무것도 못 먹었는데 어떻게 학교를 간 거예요.

그 후 저는 학교에서 일하는 소사(小使) 아저씨 집에서 밥을 먹으면서 초등학교를 졸업했어요. 전쟁통이라 다들 어려울 때였는데, 학교 선생님들이 십시일반으로 양식을 조금씩 모아서 저에게 주었습니다. 배급쌀로 받은, 도정이 덜 된 쌀이었던 것 같아요. 그때는 현미가 더 쌌거든요. 그때 그 누런 밥이, 선생님들이 "성준이 몫"이라고 거두어준 쌀로 지은 밥이 얼마나 맛있었는지 모릅니다.

공부를 잘했지만, 중학교에 가지는 못했어요. 대신 졸업한 초등학교에 남아 심부름 하는 아이가 됐어요. 그런데 학교 건너편 여자중고등학교 선생님들이 저를 탐냈어요. 초등학교에 있는 것보다 중고등학교에서 일하면서 ABC라도 배우는 게 낫지 않겠냐는 거였어요. 초등학교 선생님들도 그렇게 하는 것이 성준이한테 좋겠다고 하셔서, 건너편 여자중고등학교에서 급사를 하게 되었어요.

급사 일을 하면서 등 너머로 배우며 혼자서 열심히 공부하던 중에 학교에 도난사고가 일어났습니다. 경찰서 순경이 저를 데리고 가서 난

생처음 경찰서를 경험했어요. 말하자면 저를 취조한 거예요. 어린 마음에 선생님들이 나를 의심한다는 사실을 도무지 받아들일 수가 없었어요. 경찰이 질문을 해대는데 설움에 복받쳐서 울음이 터져 나왔어요. 너무 억울해서 경찰서가 떠나가도록 울어버렸어요. 울음이란 건, 뭔가 진실을 말하는 거잖아요. 경찰이 '너는 아닌 것 같다' 하고 돌려보내더라고요.

학교로 돌아갈 수가 없었어요. 갈 데가 없어서 지나가는 트럭을 탔어요. 그렇게 간 곳이 고아원이었어요. 고아원에 가지 않았다면 오늘의 제가 없습니다. 그 트럭을 탄 것이 저에게 좋은 기회였어요.

고아원에는 아주 볼품없는 탁구대가 있었는데, 고아원 원장 선생님이 탁구를 좋아하셨어요. 내가 있었던 여자중고등학교는 탁구로 유명한 학교였거든요. 등 너머로 배운 제 탁구 실력이 그 고아원에서 최고인 거예요. 원장 선생님이 저랑 시합을 벌이면 한 번은 이기고 한 번은 지고 하니까, 감질이 나서 저한테 자꾸 탁구를 치자고 그러시는 거예요. 그래서 제가 어느 날 내 소원을 말했어요. "탁구를 제가 조금 져드릴 테니까 학교를 보내주세요." 가끔씩 져드린다는 말에 원장 선생님이 아주 좋아하시더라고요. 제가 이렇게 말했어요. "학교를 갔다 올 때까지 시간만 허락해주시면, 내가 나머지 모든 문제는 다 해결하겠습니다." 그러니까 원장 선생님이 어린 아이가 당돌한 게 어떻게 할까 궁금했던 것인지 한번 해보라고 하셨지요. 이렇게 되어서 제가 십리 길을 걸어 학교를 찾아갔습니다. 그 남자중고등학교는 내가 있었던 여자중고등학교와 같은 재단에 속해서 늘 드나들었던 곳이었습니다. 교장 선생님, 교무 주임 선생님, 행정실도 다 알고 있었어요. 학교에 찾아가서 교장실에 노크를 했어요.

교장 선생님께서 "너 왔니? 요즘 안 보이더라" 하고 물으셨지요. 저는 "이만저만해서 제가 지금 고아원에서 살고 있습니다. 공부를 하고 싶어서 원장 선생님께 학교를 갔다 올 때까지의 시간을 허락받았는데, 선생님, 제가 공부할 수 있는 길이 없을까요?" 이렇게 말했어요. 그때 또 울어버렸어요. 또 눈물이 쏟아지는 거예요. 교장 선생님께서 어깨를 두드려주시면서 "울지 마라, 성준아. 무슨 방법이 있겠지" 하셨어요.

그 교장 선생님이 저를 중학교 3학년에 넣어주셨어요. 그때까지만 해도 요즘 같은 세상이 아니어서 교장 선생님이 하고자 하면 할 수 있었거든요. 3학년에 들어가 공부를 열심히 했고, 결국 고등학교 입학시험에서 수석을 했습니다.

지금은 스님이 된 내 오랜 친구를 그 중고등학교에서 만났어요. 그 친구 집은 고아원에서 30분 정도 떨어져 있었는데, 집에서 농사를 많이 지었어요. 시험 칠 때가 되면 친구가 자기 집에 와서 같이 공부하자고 초대를 해요. 가면 어머니가 "성준이 왔구나" 하면서 반겨주시고 계란찜이며 내가 고아원에서는 구경도 할 수 없는 음식을 많이 해주셨어요. 정말 맛있는 어머니의 사랑이 담긴 상을 친구와 같이 받아먹을 수 있었습니다.

고아원에 있을 때는 학교에 도시락을 싸갈 수 없었어요. 고아원에서 먹는 음식을 어떨 때는 싸가지만, 또 어떨 때는 차마 가져갈 수 없어서 그냥 빈손으로 갑니다. 그러면 친구가 자기 도시락을 같이 먹자고 건네요. 꾹꾹 눌러 싸온 밥과 고구마를 그렇게 친구와 같이 먹었습니다.

이렇게 저에게는 한국전쟁 때문에 밥을 챙겨주는 엄마가 없었고 학교를 다닐 수 있는 여건도 허락되지 않았어요. 대신 밥을 나누어준 이웃과 친구, 학교 교육을 받도록 도움을 준 선생님이 계셨습니다. 이러한 경험들 때문에 오늘 밥 철학 강의를 하게 됐는지도 모르겠어요. 이야기가 너무 길었네요, 이제 다음 이야기로 넘어가봅시다.

밥과 플라톤, 밥과 마르크스 • • •

플라톤(기원전 427~기원전 347)은 특별히 밥의 철학을 이야기하지 않았지만, 플라톤의 철학으로 밥 이야기를 할 수는 있을 것 같습니다. 말하자면 플라톤은 아침에 먹은 밥은 저 어딘가에 있는 진짜 밥의 그림자와 같은 것이라고 여겼습니다. 쉽게 말하면 저 하늘나라에 진짜 밥이 있고 현실의 밥은 그것의 그림자라는 거지요. 여기 길담서원이 있죠? 플라톤은 여기 있는 길담서원은 모사품이고 이상적인, 진정한 길담서원은 이데아의 세계에 있다고 생각했어요. 즉, 현실의 세계에 있는 것은 가상(假象)에 지나지 않고 참된 실재(實在)는 이데아의 세계에 있다고 생각했을 테지요.

'이데아'라는 사고방식은 소크라테스에게서 시작되었다지요. 예를 들어 소크라테스는 "아름다움이란 무엇인가?"라고 물어요. 그러면 상대방은 꽃이나 여인 같은 아름다운 것의 예를 들어 아름다움을 설명하려 합니다. 이럴 때 소크라테스는 다시 묻습니다. "그런 아름다운 것을 하나하나 대라는 것이 아니라 아름다움 그 자체가 무엇인가를 말해보게나." 플라톤은 이 질문에 '이데아'라는 개념으로 대답해요. 이데아는 아름다움 그 자체를 가리킨다. 아름다움 자체, 즉 아름다움의 이데아는 현실세계에는 있지 않고 이데아의 세계에 있다. 현실의 사물이 아름다운 것은 무엇 때문인가? 그것은 이데아로부터 아름다움 자체를 나누어 받고 있기 때문이다라는 설명이지요. 끊임없이 변하는 현실세계 저 너머에 영원히 변치 않는 진실의 세계가 존재한다는 이데아론은 이렇게 해서 생겨났어요.

플라톤이 위대한 것은 어떤 사람은 너무 많이 먹어서 배 터져 죽고, 어떤 사람은 못 먹어서 영양실조로 병들어 죽는 현실이 불합리하다는 것을 인식했다는 점입니다. 참된 세상인 이데아의 세계에서는 모든 사람의 입에 골고루 밥이 들어가요. 그런 정의로운 세상을 꿈꾼 것이지요. 그러니까 플라톤은 위대한 철학자죠. 현실 속의 불완전한 것들은 이데아의 세계 속에서는 완전한 모습을 지니고 있을 것이다. 그 완전한 모습에 비추어서 우리는 현실을 고쳐야 한다. 이렇게 생각한 거예요. 아주 혁명적이죠.

플라톤의 시대 이후 2,000년이 흐르고 니체가 등장했습니다. 니체 (1844~1900)란 철학자는 소크라테스에서부터 시작해서 플라톤, 아리스토텔레스, 토마스 아퀴나스에 이르는 2,000년 서양철학의 역사를 보자기에 싸서 버리고 새로운 철학을 열어야 한다고 생각했던 사람입니다. 그래서 플라톤과 니체의 철학 사이에는 깊은 골이 패여 있어요.

플라톤이 모든 아름답고 좋은 것은 천상의 세계, 이데아의 세계에 있고 그 이데아에 맞춰서 현실을 바꾸어야 한다고 생각했다는 것은 앞에서 말했지요? 그렇지만 니체의 생각은 달랐어요. 그는 모든 아름다운 것은 바로 여기 우리들이 살고 있는 현실세계 속에 있다, 아름다운 것은 현실의 세계이고 인간들이고 자연이라고 생각했어요. 플라톤과 니체는 극과 극이죠.

니체가 쓴 『차라투스트라는 이렇게 말했다』라는 책이 있어요. 들어 보았는지요? 이 책은 아주 음악적인 책이라고 해요. 아름다운 시적 문체로 되어 있는데 독일어로 읽으면 음악을 듣는 것과 같아요. 여기 철학소년은 최근 독일어를 다시 공부하면서 이 책을 원문으로 읽어봤어요. 앞으로 여러분이 이 책을 니체의 언어인 독일어로 읽을 수 있기를 바랍니다. 여러분에겐 그것이 가능해요. 청소년은 무엇이든 꿈꿀 수 있고 꿈을 현실로 바꿀 수 있어요. 아무튼, 우리 니체의 말을 한마디 배웁시다. 소리 내어 읽어볼까요?

"나는 모든 글 가운데서 피로 쓴 것만을 사랑한다.
피로 써라. 그러면 그대는 피가 곧 정신임을 알게 되리라."

『차라투스트라는 이렇게 말했다』 제1부 '읽기와 쓰기에 관하여'에서 따온 글이에요. 글은 피로 쓰는 것이다. 잉크로 쓰는 것이 아니다. 볼펜으로 쓰는 것이 아니다. 무릇 글이란 피로써 쓰는 것이라고 말합니다. 앞에서 이야기했던 청년 노동자 전태일이 남긴 글과 전태일 정신을 누가 지울 수 있을까요? 『전태일 평전』이란 책이 나왔을 때, 정부에서 이 책을 아주 싫어했어요. 책에 실린 전태일의 '일기'를 통해 전태일의 삶과 그가 왜 이렇게 했는지가 알려질까봐 두려워했어요. 그렇지만 피로 쓴 글이었기 때문에 지울 수가 없었습니다. 전태일은 '아름다움' 그 자체로서 지금 여기 살아 있습니다.

니체는 유럽 문명을 뿌리로부터 반성하고 새로운 문명의 건설을 꿈꿨어요. 새로운 문명을 만들기 위해서는 새로운 인간이 탄생해야 한다. 노예적인 삶을 살아가는 인간, 주어진 조건에 저항할 줄도 모르고 그냥 운명이라고 받아들이면서 노예처럼 살아가는 인간이 아니라, 자기 운명의 주인으로서 자기 운명을 창조하는 인간, 즉 새로운 인류를 꿈꿨어요. 『차라투스트라는 이렇게 말했다』는 그런 사상이 담겨 있는 책이에요. 한번 읽어보세요.

또 앞서 케테 콜비츠의 그림에서처럼, 밥 문제로 고민했던 한 사람이 카를 마르크스(1818~1883)예요. 그는 프랑스 국경에 가까운 독일의 트리어에서 태어난 유대인 철학자입니다. 이 사람은 진보적인 문필 활동으로 정치적 박해를 받고 독일에서 추방된 후 일생을 영국 런던에서 살았어요. 런던의 대영박물관은 당대의 제일 훌륭한 도서관이었지요. 거기에는 모든 책들이 다 있었어요. 마르크스는 그 대영박물관의 수많은 책을 읽고 공책에 베껴 적으면서 공부했어요. 그의 불후의 대작인 『자본』은 자본주의 사회의 경제구조를 예리하게 분석한 책으로 '자본주의 해부학'이라 불리기도 하지요. 그는 또 『루이 보나파르트와 브뤼메르 18일』이라는 프랑스 혁명기의 정치문제를 다룬 탁월한 저작을 남기기도 했어요. 마르크스의 경제학의 꽃이 『자본』이라면 이 책은 정치학의 꽃이라고 일컬어집니다. 그가 남긴 명언으로 인류 문명사에 회자(膾炙)되는 말들이 많은데, 그중에서 '포이어바흐에 관한 테제'라는 글의 맨 마지막 11번 테제는 특별히 유명한 것으로 그의 묘비명으로 기록되어 있어요. 이건 상식적으로 알아둘 만하죠. "지금까지 철학자들은 단지 세계를 이리저리 해석해왔다. 이제 중요한 것은 세계를 변혁하는 것이다." 케테 콜비츠의 그림에 등장하는 밥을 먹지 못해 죽어가는 아이들이 있는 세계는 바뀌어야 마땅합니다.

리우스(Rius)라는 라틴 아메리카의 유명한 작가이자 만화가가 있어요. 그는 마르크스의 철학을 재미난 만화로 그린 책『마르크스』를 펴냈는데, 이 책을 보면 마르크스 시대의 런던 귀족들은 음악도 듣고 무도회를 즐기면서 호화롭게 살고 있어요. 그런데 인구의 대부분을 차지하는 민중들은 밑바닥에서 빈곤에 허덕이며 살아가요. 자본가와 노동자의 빈부격차가 심했습니다.

당시에는 적지 않은 아이들이 열 살 미만에 영양실조로 죽고 열 몇 살밖에 안 되는 아이들이 탄광이나 공장에서 일하는 경우가 많았어요. 아이들은 몸이 작고 유연하기 때문에 탄광의 좁은 구석까지 몸을 웅크리고 들어가서 석탄을 캐낼 수 있거든요. 그래서 아이들이 탄광에서 일하다 죽는 경우가 빈번했습니다. 마르크스는 이런 현실을 너무나 안타까워했어요. 그의 친구 프리드리히 엥겔스는 영국 맨체스터에 공장과 사업체를 가지고 있는 부잣집 아들이었는데 마르크스의 생활비를 대주었어요. 그럼에도 마르크스의 세 자녀 중 두 아이가 영양실조로 병들어서 죽었습니다. 어려운 생활을 하는 가운데서도 그는 우리가 살고 있는 이 세계를 사람이 사람답게 살 수 있는 세상으로 바꾸기 위해서 연구를 계속했고, 그 결과가『자본』으로 남아 있습니다. 리우스는, "마르크스의 글들은 낡아지는 법이 없다(What he wrote doesn't go out of date)"라고 쓰고 있어요. 전태일의 일기가 그렇듯이, 마르크스의 글들은 인류와 더불어 영원히 살아있을 거예요.

데카르트, 오르테가, 철학소년 •••

여러분, 데카르트가 한 말 중에 '코기토 에르고 숨(cogito, ergo sum)'이란 말 들어봤어요? 코기토(cogito)는 '나는 생각한다'는 말이에요. 에르고(ergo)는 '그러므로', 숨은 '나는 있다' 혹은 '나는 존재한다'는 말입니다. 그 유명한 '나는 생각한다. 그러므로 나는 존재한다'이지요.

데카르트에 대한 얘기를 하자면 한참 해야 하는데, 간단히 말해 데카르트 철학의 중심은 '나는 생각한다'는 명제와 '나는 존재한다'는 명제입니다. 여기에서 중요한 것은 '나'라는 주체입니다. '나'가 없으면 생각을 못 해요. 그러니 생각하는 주체인 '나' 밖에 있는 모든 존재는 나의 생각이 만들어낸 것이라고 볼 수 있습니다. 심지어 내가 생각하지 않으면 세계도 없어요. 이러한 철학자들의 사상을 '관념론'이라고 부르는데요. 세계는 관념의 산물이고, 내가 생각하지 않으면 세계도 없다는 것이 관념론의 입장입니다.

여러분, 길담서원으로 오는 골목에서 뭘 봤습니까?

청소년 : 우리은행이요.

골목 입구에 또 뭐가 있죠?

청소년 : 꽃집이요.

무엇을 말하려고 이 질문을 하느냐 하면요, 이들 관념론자에게 골목 입구의 우리은행은 존재하지 않을 수도 있습니다. 왜냐하면 말했다시

피 이들에게 나는 생각할 때 존재하고, 내가 생각하지 않는 것은 심지어 존재하지조차 않기 때문이지요.

2,500년 철학의 역사 속에서 밥을 주제로 철학적 사유를 한 사람은 거의 없다고 말씀드렸지요. 위대한 철학자 대부분이 밥의 문제를 고민할 처지에 있지 않았기 때문입니다. 데카르트 역시 공주와 여왕, 귀족, 학자들과 편지를 교환하며 사귀었습니다. 데카르트와 많은 관념론 철학자들의 존재 속에는 '밥'이 들어 있지 않았다는 말입니다. 바꾸어 말하면 밥의 세계가 들어 있지 않다는 거죠.

그런데요, 아무리 생각해도 나는 밥을 먹지 않으면 존재하지 않아요. 어때요? 밥이 없으면 내가 존재할까요? 여러분, 세 끼 정도 굶을 수 있겠죠? 한 3일 굶을 수도 있겠죠? 아주 잘하면 3주 단식할 수도 있습니다. 그렇지만 석 달 굶을 수 있습니까? 아무것도 못 먹고 석 달? 존재하지 못 하지요.

나는 살아 있는 생명체입니다. 지구상에 존재하는 모든 생명체, 아주 작은 박테리아까지 먹지 않고는 살 수 없습니다. 무릇 생명이란 먹지 않으면, 밥이 없으면 존재할 수 없습니다. 그래서 '밥 먹을 때는 개도 안 건드린다'라는 속담이 있나 봐요. 그만큼 밥이 중요합니다. 철학소년은 이렇게 말하겠습니다. "나는 밥을 먹는다. 그러므로 나는 존재한다." 이 말은 '나는 생각한다. 고로 나는 존재한다' 못지않게 중요한 명제예요.

스페인의 철학자 호세 오르테가(1883~1955)도 데카르트의 '나는 생각한다. 그러므로 나는 존재한다'는 말에 도전했습니다. 데카르트의 명제를 이렇게 바꾸었어요. '나는 생각한다. 왜냐하면 나는 살아 있으니까.' 여기서 '살아 있으니까'라는 말과 '나는 밥을 먹으니까'라는 말은 사실 비슷한 말이에요. 밥을 먹어야 살아 있으니까요. 그래서 철학소년의 "나는 밥을 먹는다. 그러므로 나는 존재한다"라는 명제를 오르테가식으로 바꾸면 "나는 존재한다. 왜냐하면 나는 밥을 먹으니까"가 됩니다. 그럴듯하지 않아요?

그리고 호세 오르테가는 나 밖에 있는 세계, 말하자면 이웃이나 친구, 자연과 같은 존재에 대해서 아주 중요하게 생각했습니다. 나에 갇혀 있던 데카르트의 세계에서 나와서, 나는 나 밖의 세계와 연결되어 있다는 사상을 전개한 철학자인데요, 이분은 '공재(共在)'라는 철학 개념을 만들어냈습니다. '공재'는 '더불어 있음'이란 뜻으로 이 말은 전태일의 생각과도 닮았습니다. 전태일의 '일기' 속에 나오는 "나의 또 다른 나들이여"(『전태일 평전』, 219쪽)와 '유서' 속에 나오는 "나를 아는 모든 나여. 나를 모르는 모든 나여. …… 그대들이 아는, 그대 영역(領域)의 일부인 나. …… 그대들이 아는, 그대들의 전체의 일부인 나"(『전태일 평전』, 308~309쪽)의 '나'는 나의 이웃들과 '더불어 있는 존재로서의 나'입니다.

오르테가와 동시대의 프랑스 철학자인 메를로 퐁티(1908~1961)는 "몸의 세계, 세계의 몸"을 말하고 있어요. 나의 몸속에 세계가 하나 되어 들어와 있고 세계의 몸속에 내가 하나 되어 존재한다는 사상인데 이것 또한 전태일의 사상과 다르지 않아요. 더 나아가서, 전태일의 '나, 그리고 나의 또 다른 나인 너' 속에는 햇빛과 바람과 물이, 하늘과 땅과 인간이 들어와 한 몸이 되어 있습니다. 이 몸이 먹는 밥 속에 자연과 이웃과 세계가 다 들어와 있어요. 이렇게 보면, "나는 밥을 먹는다. 그러므로 나는 존재한다"는 밥 철학의 명제가 나름 만만치 않은 철학적 의미로 다가오는 것 같지 않은가요?

자, 그럼 오늘의 밥 철학 이야기는 일단 여기까지로 하고, 여러분의 질문을 받으면서 보충해볼까요?

청소년 : 아까 전태일 이야기 하셨잖아요. 전태일과 밥의 관련성은 어디에 있는 것인가요?

박성준 : 송곳질문이네요. 전태일은 수유리 도봉산 기슭 판잣집에서 어머니와 동생들하고 살았어요. 일터는 청계천 6가, 평화시장이고요. 그런데 버스를 타고 집에 갈 돈으로 풀빵을 사서 점심을 못 먹는 동생 같은 어린 여공들에게 나누어주고 자기는 청계천에서 도봉산 밑까지 그 먼 길을 2시간이나 걸려 걸어서 가요. 16시간씩 일하고 밤에 걸어가면 지치잖아요. 그래서 몸을 흔들며 쓰러질 듯이 걸어가는 거예요. 그 당시에는 자정부터 4시까지 통행금지가 있었어요. 이 시간에 통행하다 경찰에게 걸리면 파출소에 들어가서 잤어요. 파출소 순경들이 전태일을 발견하면 얘는 평화시장에 일하는 아인데 버스값이 없어서 그런다고 보내주었어요. 어머니, 이소선 여사는 아이가 돌아오지 않으니까 밤새 기다립니다. 그 생생한 기록이 『전태일 평전』에 나옵니다.

"태일이 처음 미아리파출소에서 밤을 새우던 날, 그의 어머니는 뜬 눈으로 밤을 새웠다. …… 별별 생각을 다하며 안절부절못하여 문밖만 내다보고 있는데, 새벽녘이 되어서야 태일이가 터덜터덜 걸어 돌아왔다. 온몸이 이슬에 젖어 어깨는 축 늘어지고 얼굴은 백지장처럼 새하얀 게 불빛 아래서 보니 마치 죽은 사람의 얼굴 같았다."(『전태일

평전』, 113쪽)

전태일은 어린 여공들이 배를 곯으면서 노동에 시달리는 모습을 보면서, 밥의 문제를 생각했던 것입니다. 일하는 사람들, 노동자들에게 정당한 임금을 줘야 한다는 것이 근로기준법의 기본이 아니겠어요? 어른들이 그걸 지켜달라고 주장했던 거예요. 그리고 아이들이 병들지 않느냐 작업환경을 고쳐달라, 화장실을 지어달라, 일할 시간을 좀 줄여달라고 외친 거예요. 근로기준법에 나와 있는 규정을 지켜달라고 말입니다. 당시의 근로기준법도 지금과 마찬가지로 "근로시간은 1일 8시간, 1주일 48시간을 기준으로 한다"라는 규정이 있었습니다. 그런데 그때 어린 여공과 노동자들은 하루 16시간 가까이 일을 했어요. 이 모든 것이 바로 정의의 문제이고 한마디로 '밥'의 문제입니다.

청소년 : 엄마가 하는 말 중 "내 새끼 목구멍에 밥 넘어가는 소리" 있잖아요. 얼핏 들어봤는데, 선생님도 그런 소리 들어보셨어요?

박성준 : 나의 어린 시절, 어머니들은 아이들 앞에서는 밥을 먹는 체 흉내만 내시고 밥을 남겨두었다가 아이들이 학교 갔다 오면 그걸 주셨어요. 옛날에 냉장고도 없어서 밥을 쉬지 않게 하려고 소쿠리에 넣어 바람이 잘 통하는 처마 밑에 걸어놓기도 하고 두레박에 넣어 우물 속에 내려놓기도 했어요. 아이들이 학교 갔다 와서 "엄마, 학교 갔다 왔어. 밥 줘" 하면 아침에 먹는 시늉을 하고 남겨두었던 밥을 꺼내주신다고요. 그럼 아이가 허겁지겁 먹겠지요. 그때 꿀꺽꿀꺽 밥 넘어가는 소리가 나잖아요. 그 소리가 엄마에겐 그토록 듣기 좋은 거예요. 엄마는 점

심을 굶으시고……. 그런 가난한 시절을 우리가 살아왔는데, 그 엄마가 내겐 안 계셨어요. 그래도 제게는 "성준이 몫"이라고 양식을 거두어주었던 선생님들이, 꾹꾹 눌러 싸온 도시락밥을 건네주던 친구가 있었습니다. 또 다른 질문 없나요? 자, 그럼 오늘은 여기서 마치도록 하지요.

모두가 잘 먹고 잘 살려면
어떻게 해야 할까?

정대영

의정부 발곡고에서 머리 큰 아이들과 말글살이 공부하며 지내는 교사. 어머니를 닮아 가리는 음식이 많고, 특히 두 눈 달린 짐승의 살점을 잘 먹지 못한다. 그래서인지 유난히 먹고사는 문제에 관심이 많다. 북한산자락 인수동에서 생명과 평화의 삶을 소망하는 아름다운 친구들과 마을공동체(http://cafe.daum.net/sooyucom)를 이루며 지내고 있다.

반갑습니다. 정대영이라고 합니다. 오늘 이야기를 어떻게 풀어야 할지 고민하다가 시 한 편이 떠올랐는데요. 김지하 시인의 〈밥은 하늘입니다〉라는 시입니다. 하늘과 별이 모두의 것이듯 밥도 그렇게 함께 나눠 먹어야 한다는 내용이지요. 참 지당한 말씀인데 안타깝게도 우리의 현실은 그렇지 못합니다. 오늘 제가 여러분과 나누고자 하는 이야기는 그렇게 밥을 서로 나눠 먹지 못하게 된 이유에 관한 것입니다. 지구 저편 또는 우리 주변에서 죽음의 고통을 느끼며 살아가는 사람들을 떠올려야 하는 주제라 마음이 좀 무겁지만 함께 이야기 나누며 우리를 돌아보는 시간이 되면 좋겠습니다.

  책 한 권을 길잡이 삼아 세계의 빈곤과 기아 문제를 생각해보았으면 하는데요. 유엔 인권위원회 식량특별조사관인 장 지글러가 쓴 『왜 세계의 절반은 굶주리는가?』(갈라파고스, 2007)라는 책입니다. 설명이 쉽고 사례가 생생해 기아 문제의 대강을 살피기에 좋습니다.

기아란 무엇일까 •••

본격적인 이야기에 앞서 먼저 기아(飢餓)의 개념을 정리해보도록 합시다. 대부분의 사람들은 '기아' 하면 배고픔을 먼저 떠올립니다. 배고픔과 관련된 우리말에 '굶주리다'란 낱말이 있는데요. 이 낱말은 '굶다'와 '주리다'가 합쳐져 만들어진 합성어입니다. 그런데 이 두 단어에 미묘한 의미 차이가 있어요. '굶다'는 음식을 못 먹은 또는 안 먹은 특정 상황만을 가리키지만, '주리다'에는 오랫동안 굶어왔다는 지속의 의미가 들어 있거든요. 뼈만 앙상하게 남은 북한이나 아프리카의 아이들을 사진으로 본 적이 있을 텐데요. 그렇게 몸에 심각한 문제가 생길 만큼 상당 기간 굶주린 것을 기아라고 얘기할 수 있습니다.

하지만 아무리 오랫동안 주린 상태라 하더라도 심신 수련이나 정치적 의사 표시를 위한 단식 같은 것을 기아라고 말할 수는 없습니다. 날씬한 몸매를 위한 다이어트도 마찬가지이고요. 그래서 기아를 온전히 정의하려면 '오랫동안 지속된 배고픔'이라는 뜻에 '먹고 싶어도 먹을 수 없다'는 뜻을 추가해야 합니다. '안' 먹는 게 아니라 '못' 먹는 거란 뜻이지요.

먹을 능력이 없다는 말은 식량을 구입할 경제적 능력이 없다는 뜻이기도 하지만 굶주린 나를 챙겨줄 사회적 관계가 없다는 뜻이기도 합니다. 제가 어릴 적만 해도 차례를 지낸 다음 명절 음식을 문 밖에 조금 덜어놓는 풍속이 있었는데요. 명절음식을 조금이라도 장만한 집이라면 예외 없이 참여했었습니다. 원래 귀신에게 복을 빌며 음식을 바치는 '고시레'(또는 '고수레')라고 불리는 풍속이었는데, 실제 그 음식의 임자는 동네 걸인들과 짐승들이었답니다. 주린 배 채우지 못하는 힘없는 생명들과도 잔치음식을 나누려 했던 그 마음이 참 따뜻하지요. 그런데 이런 아름다운 풍속이 사라지면서 걸인들도 덩달아 사라져버렸어요. 사회적 약자들을 투명인간으로 여긴 결과인데요. 인심이 각박해질수록 그런 차별과 배제의 정서도 함께 강해지는 것 같습니다.

홀로 지내다 굶거나 아파서 목숨을 잃은 사람들의 소식을 접할 때마다 망자의 인간관계에 대해 생각하게 됩니다. 만약 어떤 사람이 자신의 의지와 무관하게 오랫동안 굶주린 상태에 있더라도 자신이 속한 공동체와 긴밀한 관계를 맺고 있다면 허무하게 죽지는 않았겠지요. 결국 기아를 설명하는 마지막 열쇳말은 배고픔의 문제를 해결할 수 있는 사회적 제도와 관계입니다.

아래 표는 얼마나 많은 사람들이 굶주리고 있는지를 보여주는 자료입니다. 2010년 기준 유엔 식량농업기구에서 발표한 기아 인구는 무려

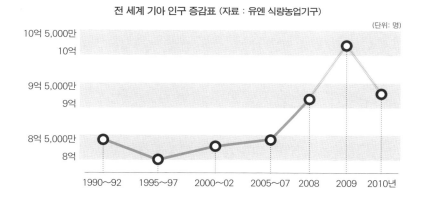

전 세계 기아 인구 증감표 (자료 : 유엔 식량농업기구)

9억 2,500만 명이었는데요, 세계 인구의 16%에 해당하는 수치입니다. 여섯 명 중 한 명은 지독한 굶주림에 고통받고 있는 셈이지요. 그나마 2008~2009년에 급증했던 기아 인구가 일시적으로 줄어든 결과라는 걸 기억해야 합니다. 유엔이 발표한 밀레니엄개발목표(MDGs) 중에는 2015년까지 기아 인구를 10% 아래로 떨어뜨리겠다는 것도 있는데요, 표를 보면 알겠지만 기아 인구는 오히려 더 늘어나고 있습니다. 국제기구까지 나서서 문제를 해결하려고 하는데도 왜 이렇게 풀리지 않는 것일까요? 이제부터 그 복잡한 사정을 하나씩 살펴보도록 하겠습니다.

먹을 곡식이 줄어들고 있다 • • •

기아가 생기는 원인은 크게 두 가지로 생각해볼 수 있는데요. 하나는 인구에 비해 먹을 식량이 부족하기 때문이고, 다른 하나는 식량의 배급 구조가 왜곡되어 있기 때문입니다. 물론 장 지글러는 후자의 문제를 더 심각하게 여기고 있습니다. 현재 생산되는 식량만으로도 모든 사람들이 배불리 먹을 수 있는데 그것이 골고루 제공되지 못하는 게 더 큰 문제라는 것이지요. 그럼에도 불구하고 먹을 곡식이 줄어들고 있는 최근의 상황을 주목해야 하는 이유는, 그것이 전 지구적인 식량 문제로 이어질 수 있기 때문입니다. 120억 명이 먹을 수 있는 식량을 생산할 수 있다는 인류가 어쩌다가 식량 부족을 겪게 된 것일까요?

첫 번째 이유는 가축 사료나 바이오연료로 사용하는 곡물의 양이 점점 늘고 있기 때문입니다. 미국 통계국 발표에 의하면 2012년 5월 현재 세계 인구 예상치는 70억 2,000만 명이라고 하는데요, 인구수가 느는 것에 더해서 육식을 선호하는 사람들이 점점 증가하고 있다는 게 문제입니다. 주위에 고기 먹는 걸 삶의 기쁨으로 여기는 사람들이 꽤 많은데요. 당장 저희 학교 아이들부터 그렇습니다. 학교 급식에 고기반찬이 없으면 먹을 게 없다고 막 투덜대거든요. 저는 고기를 잘 먹지 못하는 사람이라 그 마음을 이해하기 어렵지만 입장 바꿔 생각해보면 질 좋은 고기를 싼 값에 마음껏 즐기고 싶은 이들에게 육류의 안정적인 공급은 굉장히 중요한 문제일 수도 있겠다 싶습니다. 이를 위해 가축 사료를 생산하는 것도 반대할 이유가 없을 테고요. 하지만 옥수수 7kg을 가지고 고작 1kg의 쇠고기를 생산하는 불편한 진실 앞에서 육식의 비효율성을 생각하지 않을 수 없습니다.

대체 에너지 문제도 마찬가지입니다. 석유 대신 곡물을 쓰겠다는 것인데, 기아 문제보다 내 입에 들어올 한 점의 고기를 더 중요하게 여기듯, 가난한 나라의 사람들이 굶어죽든 말든 지금 누리고 있는 문명의 유지를 더 중요하게 여긴다는 점에서 똑같이 이기적인 발상이라는 겁니다.

지금 우리가 누리는 문명은 지나칠 정도로 석유에 의존하고 있는데, 다들 알고 있듯이, 석유는 점점 줄어들고 있습니다. 전문가들에 의하면 석유 매장량의 절반을 이미 써버려서 이전처럼 석유를 싼 값에 이용할 수가 없다고 해요. 그렇다면 방법은 석유를 대신할 에너지원을 찾거나 에너지가 적게 드는 문명으로 전환하는 것인데요. 누리던 문명을 포기하는 것은 말처럼 쉬운 일은 아닙니다. 당장 저부터도 냉장고, 에어컨, 자동차 없는 일상이 쉽게 상상이 안 되거든요. 그래서 석유 이후의 새로운 에너지원을 찾는 일에 사람들이 그렇게 집착하는 것인지도 모르겠습니다. 아무튼 이런 위기 상황에 대비해 많은 사람들이 다양한 대체에너지를 연구하고 있는데요. 그중 하나가 옥수수나 사탕수수 등을 이용한 바이오연료 산업입니다. 석유를 대체할 에너지원으로 곡물을 사용하겠다는 발상이지요. 이러다 보니 곡물의 생산량은 정해져 있는데 그걸 사람이 못 먹는 황당한 상황이 발생하게 되는 것입니다. 생각해보면 참으로 이상한 일이 아닌가요? 차를 타고, 고기를 먹는 것보다 사람이 먹고사는 게 우선일 텐데 말입니다.

먹을 곡식이 줄어드는 두 번째 이유는 곡식 생산량 자체가 줄고 있기 때문입니다. 지구 환경이 식량을 생산하기에 나쁜 상태로 점점 변해간다는 말인데요. 무엇보다 농지가 줄어드는 게 큰 문제입니다. 건조한 기후에 황사가 잦아지면서 농사지을 땅이 침식되고 사막으로 변해버린 탓도 있고요. 도시로 유입되는 사람들이 늘어난 탓도 있습니다. 인구가 몰리면 도시가 커지고, 도시가 커지면 도로나 건물이 더 필요하겠지요. 그렇게 필요한 도로나 건물을 짓다 보면 농지가 사라질 수밖에요. 이렇게 땅이 없어지는 것도 큰 문제인데 설상가상으로 생명의 근원인 물도 줄어들고 있다고 합니다. 농사를 지으려면 밭이나 논에 물을 끌어다 써야 하는데, 그런 관개수(灌漑水)가 사라지고 있어 농사짓기가 점점 어려워지고 있습니다.

이렇게 농지가 줄고, 물이 마르는 근본적인 이유는 바로 지구온난화 때문입니다. 화석에너지를 너무 많이 쓰다 보니 지구가 계속 더워지고 있는 것이에요. 인간도 정상 체온에서 1~2℃만 올라가도 크게 앓게 되는데, 수십억 년간 일정한 상태를 유지해온 지구가 불과 몇백 년 사이에 뜨겁게 열이 오르고 몸살을 앓게 된 것입니다. 이러한 갑작스러운 기후 변화가 식량 생산량의 감소와 직접적으로 연결되는 것은 두말할 필요가 없겠지요.

식량 생산량이 감소하는 마지막 이유는 인류의 농업 기술이 한계에 다다랐기 때문입니다. 의외로 식량 문제를 과학기술로 해결할 수 있다고 맹신하는 사람들이 많이 있는데요. 이렇게 구체적인 근거 없이 기술의 발전과 진보를 확신하는 태도를 기술만능주의라고 합니다. 현재 직면하고 있는 여러 문제들이 머지않은 미래에 어떤 획기적인 기술로 반드시 해결될 것이라고 그저 믿어버리는 태도를 가리키는 말이에요. 그런데 반세기가 지나도록 방사능 폐기물 처리에 골머리를 앓고 있듯이 기술의 진보는 사람들의 기대처럼 쉽게 이뤄지지 않습니다. 농업 분야도 마찬가지입니다. 실제로 많은 농업 선진국들이 생산량 증대를 위해 다양한 노력을 기울이고 있지만 식량 생산량을 현재 수준 이상으로 늘리기가 쉽지 않다고 합니다.

오늘 다룰 주제는 아니지만 이야기가 나온 김에 몇 마디 말을 더 보탤까 합니다. 상황이 이렇다 보니 유전자 조작 식품(GMO)이 식량난을 해결할 대안으로 제시되곤 하는데요. 그 때문인지 장래 희망으로 유전공학자가 되어 식량 문제를 해결하겠다는 정의감 넘치는 학생들을 종종 만나기도 합니다. 그런데 이런 식품들이 위험한 이유는 인류에게 어떤 영향을 미치는지 아무도 명확하게 답변할 수 없기 때문입니다. 급한 불부터 끄고 문제가 생기면 그건 나중에 해결하자는 것인데요. 같은 논리로 핵발전소를 건설해 대책 없이 사용하다가 엄청난 대가를 치르고 있는 현실을 기억해야 합니다.

저는 핵에너지 기술이나 유전자 조작 기술 모두 자연의 섭리를 거스

른다는 점에서 문제가 있다고 생각해요. 그런 기술들이 '욕망의 절제'라는 인간의 기본 조건을 무의미하게 만들어버리기 때문입니다. 원하는 대로 마음껏 에너지를 쓰고, 생명을 마음대로 조작하려는 시도는, 결국 인간이 스스로 신이 되겠다는 것입니다. 저는 그런 교만함이 세상을 지옥으로 만든다고 생각합니다. 종종 '잘 쓰면 약이고, 못 쓰면 독이다' 식의 가치중립적인 태도로 이런 기술을 옹호하는 사람들도 있는데요, 인간이 그 기술을 확실하게 통제할 수 있다는 게 전제되지 않고서는 성립할 수 없는 주장입니다. 어린 아이에게 날이 시퍼런 칼을 장난감으로 내어줄 수 없듯이 인간이 감당할 수 없는 기술들은 그 자체로 독일 테니까요.

불안한 정치 상황, 심각해지는 기아 문제 •••

식량이 줄어들다 보니 필요한 식량을 제때 확보하는 능력이 중요해졌겠지요? 그런데 문제는 같은 양의 식량을 구한다고 해도 어느 지역에 있느냐에 따라 드는 품이 달라진다는 겁니다. 예를 들어 북아메리카에 있는 사람이 남아메리카에 있는 사람보다 훨씬 수월하게 식량을 구할 수 있고, 같은 북아메리카라도 멕시코보단 캐나다가 식량 확보에 더 유리하거든요. 이렇게 지역별로, 또 나라별로 식량 확보 능력에 차이가 생기는 까닭은 무엇일까요? 물론 기후 조건이 다른 탓도 있겠지만 정치·경제·사회 구조가 다른 탓이 더 큽니다. 다시 말해 국내외적으로 공평한 분배를 방해하는 불합리한 제도나 구조가 있다는 것이지요.

　기아로 고통받는 아프리카나 중남미, 아시아의 나라들을 떠올려보면 대개가 정치적으로 후진적인 경우가 많습니다. 지글러의 책에서도 여러 사례(부르키나파소, 라이베리아, 수단, 기니 등)가 언급되고 있듯이 이들 나라의 권력자들은 기아 문제를 해결할 의지가 거의 없습니다. 국민들의 식의주 문제를 해결하는 일보다는 자신들의 권력을 유지, 강화하는 데에만 관심이 있어요. 오히려 기아를 적극적으로 이용해 국민을 통제하는 이들도 적지 않습니다.

배고픔이 지속되면 사람들이 오히려 권력에 저항할 법도 한데 어떻게 기아를 권력 유지의 수단으로 이용하는 것일까요? 북한 기근 문제를 비교문화의 관점에서 분석한 한양대 정병호 선생님의 자료(「비교문화론적 관점에서 본 북한 기근」(2002))에 따르면 기아로 고통받는 사람의 행동유형은 '경계-저항-탈진' 3단계를 거친다고 합니다.

먼저 '경계' 단계는 어떤 집단에 기근이 닥쳤을 때 강한 결속력으로 그 위기 상황을 극복하려고 애쓰는 상태를 말합니다. 공동체 의식이 강하게 작동하는 단계이지요. 그런데 배고픔이 장기화되면 결속력에 점점 금이 가게 되고, 결국 사람들의 분노가 폭발하는 '저항' 상태에 이르게 됩니다. 무능력하고 부조리한 권력을 교체하려는 국민들과 권력을 유지하려는 지배세력이 강하게 부딪치는 단계입니다. 이 과정에서 때때로 권력이 교체되기도 하지만 공권력을 장악하고 있는 지배세력의 탄압도 만만치 않습니다. 두 번째 저항 단계에서 권력 교체에 실패한 사람들은 심리적으로 큰 패배감을 느끼게 되는데요. 오래 굶어 기력도 떨어져 있는 상태에서 결국 전의를 상실해버리고 말겠지요. 바로 이 상태가 마지막 '탈진' 단계입니다. 권력자들은 이렇게 탈진 상태에 빠진 국민들을 더 이상 두려워하지 않습니다. 힘도 없고 조직화되지도 않은

"아프리카 시에라리온에서는 다이아몬드가 생산되는데요. 시에라리온에 내전이 한창이던 시기에 정부 측 지도자든 반군 지도자든 전쟁 경비를 충당하려고 더 많은 다이아몬드를 더 빨리 얻고자 했습니다. 알다시피 다이아몬드는 1세계 국가 사람들이 갖고 싶어 하는 대표적인 보석이잖아요. 그래서 다이아몬드를 채취하려고 굶주린 사람들을 데려다가 가혹한 노동을 시키고, 열한두 살 어린 아이들을 데려다가 마약을 먹여 잔인한 살인기계로 키웁니다. 다이아몬드에 많은 이들의 피가 배어 있는 것입니다."

이들에게 죽지 않을 정도의 식량만 조금씩 던져주면 마음껏 부릴 수 있기 때문이에요.

이런 비참하고 부조리한 상황을 소재로 만든 영화가 바로 2006년에 개봉한 〈블러드 다이아몬드〉입니다. 레오나르도 디카프리오가 주연했고 실화를 바탕으로 만들어졌는데요. 영화의 배경은 다이아몬드가 생산되는 아프리카 시에라리온입니다. 내전이 한창이던 시기에 정부 측 지도자든 반군 지도자든 전쟁 경비를 충당하려고 더 많은 다이아몬드를 더 빨리 얻고 싶었을 거예요. 알다시피 다이아몬드는 1세계 국가 사람들이 갖고 싶어 하는 대표적인 보석이잖아요. 그래서 다이아몬드를 채취하려고 굶주린 사람들을 데려다가 가혹한 노동을 시키고, 열한두 살 어린 아이들을 데려다가 마약을 먹여 잔인한 살인기계로 키웁니다. 영화는 그 다이아몬드에 얼마나 많은 이들의 피가 배어 있는지를 생생하게 보여주면서 1세계 국가들이 아프리카의 천연자원을 싼 값에 사용하기 위해 아프리카의 불안한 정치 상황을 방조, 묵인, 조장하는 과정을 적나라하게 고발하고 있습니다. 영화가 이야기하는 메시지는 분명합니다. 시에라리온의 비극이 그 나라만의 문제일 수 없다는 것이지요. 기아 문제도 마찬가지입니다. 문제를 제대로 이해하고, 해결하기 위해 우리의 시야를 최대한 넓힐 필요가 있습니다.

타인의 고통에 미소 짓는 자들, 거대 농식품기업 •••

기아 문제를 일으키고, 악화시키는 원인으로 불의한 정치권력을 언급했는데요. 자본권력도 그에 못지않은 책임이 있습니다. 오히려 자본권

모두가 잘 먹고 잘 살려면 어떻게 해야 할까?
····
173

력의 횡포는 눈에 잘 띄지 않아서 더 무서운 것이기도 합니다. 그것을 문제로 느끼기 어려운 이유는, 우리가 실감하기 어려운 규모로 진행되는 탓도 있고, 우리 모두가 자본주의 체제에 익숙해져 있기 때문이기도 합니다. 사회가 허용한 제도 하에서 이뤄지는, 소위 기업의 합법적인 이윤 추구 활동은 지극히 자연스러운 것으로 인정되는 데다가 그렇게 큰돈을 버는 사람이나 기업은 많은 사람들의 선망의 대상이기도 해서 비판은 더욱 쉽지 않습니다.

거대 농식품기업으로 대표되는 업체로는 유전자 조작으로 유명한 종자기업 '몬산토(Monsanto)'[◆], 미국계 다국적 곡물 기업인 '카길(Cargill)'[◆◆], 전 세계에 퍼져 있는 패스트푸드 업체 '맥도날드(Macdonald)'[◆◆◆], 대형유통업체인 '월마트(Walmart)'[◆◆◆◆] 등을 꼽을 수 있습니다. 서로 영업 분야가 다르지만 이들은 서로 긴밀한 관계를 유지하며 수익 창출을 위해 일사분란하게 움직입니다. 그 과정을 요약해보면 다음과 같습니다.

전 세계의 농민들이 '몬산토'의 종자로 곡물을 생산하고 그 곡물의

◆ 미국 세인트루이스에 본사를 둔 몬산토(1901년 창업)는 식품첨가물을 만들던 화학회사로 최초의 인공 감미료인 사카린을 개발하였다. 2차 세계대전 때부터 화학무기를 만들기 시작했으며 인간에게 치명적인 유독 물질들(PCB, 다이옥신, 고엽제 에이전트 오렌지 등)을 생산하던 화학기업으로 알려졌으나 1980년대부터 본격적으로 농업생명공학기술 분야에 집중하기 시작하면서 굴지의 다국적 농업기업으로 성장했다. 전 세계 46개국에 2만여 명의 임직원이 근무하고 있다. 전 세계에서 유전자변형 작물로 재배되는 종자 중 몬산토 제품이 가장 많으며, 전체 재배 면적의 60%가량을 차지하고 있다고 한다.
◆◆ 미국 미네소타에 본사를 두고 있는 카길은, 1865년에 설립되어 65개국에 14만 2,000명의 직원을 두고 있는 세계적인 농산업기업이다. 카길과 맥밀란 가족의 자손이 회사 지분의 85%를 차지하고 있으며 철저히 가족 경영의 원칙을 고수하고 있다. 농산물의 구입, 가공, 배포가 주된 사업 형태인데 아처 대니얼스 미들랜드(ADM)와 함께 전 세계 곡물 시장의 75% 이상을 장악한 것으로 알려졌다. 이외에 가축사료, 종자, 육류 가공, 감미료, 제약, 철강, 금융, 선물거래 등 다양한 분야에서 매년 막대한 수익을 거두고 있

대부분을 '카길'이 매수합니다. '카길'은 그 곡물을 그 자체로 팔기도 하고, 가축 사료나 식료품 등 다양한 형태로 가공해 팔기도 합니다. 지극히 정상적인 기업 활동처럼 보이지만 문제는 이들 기업이 지나치게 거대하다는 데에 있습니다. 이들 기업은 엄청난 자본력과 조직력으로 전 세계 농축산품의 가격을 마음대로 조정하고, 자신들에게 유리한 방향으로 시장 질서를 구축하려고 하는데, 워낙 덩치가 크다 보니 이렇게 재화를 독점해 폭리를 취해도 딱히 막을 방법이 없습니다. 그렇게 헐값에 구입한 곡물과 육류를 다시 한 번 다양한 형태로 가공하면 '맥도날드'의 세트메뉴나 '월마트'의 통조림이 되는 것이지요. 이런 물건들은 언제, 어디서나 구할 수 있는 것들이기 때문에 우리들의 일상을 쉽게 장악해버립니다. 합리적인 소비라는 환상을 심어주면서 말이죠.

그런데 이런 거대 농식품기업들의 물량공세와 협업 체계는, 전통적인 유기농법을 고수하는 소규모 가족농들과 지구 생태계를 위협하는 중요한 원인이기도 합니다. 이들은 단일 품종을 농약과 화학비료에 의존해 생산하는 화학 집약적 단작농업을 선호하는데요. 한두 품종만 대

다. 카길 홈페이지(www.cargill.com)의 홍보 자료에 따르면 2012년 한 해 수익으로 1,338억 달러(약 140조)를 벌어들였는데 이는 같은 해 우리나라 예산의 40%에 해당하는 금액이다. (카길 홈페이지, 위키백과 참고)

◆◆◆ 1955년 동네 작은 음식점에서 출발한 맥도날드는 반세기 만에 연 매출액이 226억 달러(2008년)에 이르는 세계 최대 햄버거 체인점으로 성장했다. 미국 오크브룩에 본사를 두고 있으며, 전 세계 119개 나라에 2만 5,000여 개의 점포가 개설되었다. 창업자인 레이 크록은 패스트푸드업계의 영업 표준을 마련한 기업가로 평가받고 있다.

◆◆◆◆ 1962년 샘 월턴의 작은 할인점에서 출발한 월마트는 낮은 임금, 장시간 노동, 공격적 가격 정책 등을 주요전략으로 삼아 1990년대 세계 최대의 소매유통업체로 성장하였다. 전 세계에 4,600여 개(2004년 기준) 매장을 가지고 있다.

량생산하여 생산단가를 낮추는 것이 수익을 극대화하는 데에 도움이 되기 때문입니다. 하지만 이런 방식으로 농사를 짓다 보면 기업 편에서는 단기적으로 이익이 되겠지만 생태적인 관점에서는 엄청난 손실을 각오해야 합니다. 단작농업으로 생물종이 단순해지면 토종 식물자원이 사라질 뿐만 아니라 병충해나 기후 변화에도 속수무책으로 피해를 입게 되기 때문입니다. 생물다양성이 약화된 생태계는 작은 변화에도 큰 충격을 받는 법이니까요.

게다가 화학 집약적 농법은 이산화탄소, 이산화질소, 메탄 등을 엄청나게 배출하는 문제가 있어요. 그게 다 지구온난화를 심화시키는 중요한 대기 오염원들인데, 놀랍게도 전체 대기오염의 3분의 1 이상을 차지한다고 합니다. 대기오염이나 지구온난화를 얘기할 때 사람들은 자동차 배기가스를 주로 떠올리지 반생태적인 농법에서 발생하는 유해가스는 거의 고려하지 않아요. 이런 사실이 잘 알려지지 않은 이유는 언론이나 해당 기업에서 은폐, 축소하기 때문이에요. 모든 불편한 진실이 그러하듯 말입니다.

이들의 궁극적인 목표는 전 세계 생산자와 소비자를 자신들의 통제권 안에 두려는 것입니다. 모든 농부들이 자기들의 종자를 쓰게 하고, 전 세계 곡물을 자기들의 사일로(곡물저장탑)에 보관하고, 세계 곳곳에 자신들의 매장을 세우는 방식으로 말이지요. 이를 위해 자신들의 자본과 유통망과 정치력을 적극적으로 이용하는 건 너무 당연한 것이고요. 그 대표적인 사례가 바로 '몬산토'와 '카길'입니다.

이와 관련해서 여러분이 꼭 한 번 보았으면 하는 다큐멘터리가 있는데요. KBS에서 방영된 〈종자, 세계를 지배하다〉라는 프로그램입니다.

거대 농식품기업의 경영 전략과 그 위험성을 일목요연하게 정리하고 있어 기아 문제가 발생하는 구조적 원인뿐만 아니라 식량 주권 확보의 중요성을 이해하는 데 큰 도움을 받을 수 있습니다. 방송 내용을 참고로 몬산토라는 기업에 대해 좀 더 살펴보겠습니다.

앞서 언급했듯이 몬산토는 세계 1위의 다국적 종자 기업입니다. 몬산토는 20년 전부터 GMO 작물 개발에 주력하고 있는데요. 유전자 변형 농산물의 87%를 장악하고 있는 상황에서 대부분의 농민들은 몬산토 소유의 종자를 구입해 농사를 지을 수밖에 없습니다. 그런데 그 과정에서 몬산토는 자사의 화학비료와 농약까지 구입하게 하는, 이른바 묶음 판매 전략을 구사합니다. 이게 굉장히 불합리한 거래인데요. 어떤 농민이 농작물을 수확해 100달러를 벌었다고 했을 때 실제 그들에게 돌아가는 순수익은 10달러에 불과하고, 나머지 90달러가 몬산토의 몫이라고 합니다. 그만큼 생산비용이 많이 든다는 것이지요. 1~2차 세계대전에서 각종 무기를 통해 큰돈을 벌었던 거대 화학기업들이 농화학 분야로 전환하고, 종자 확보에 열을 올리는 이유를 짐작할 수 있는 대목입니다.

제품 선택의 자유가 보장된 건강하고 상식적인 사회라면 그런 횡포를 피해 다른 회사의 종자를 쓰는 게 방법이 될 텐데요. 현실은 그리 녹록하지가 않습니다. 농부들에게 제일 중요한 일은 자신들이 수확한 곡식을 합리적인 가격에 구입해줄 소비자를 찾는 것인데요. 유일하고도 막강한 소비자가 앞서 언급한 카길 같은 곡물메이저들이에요. 그런데 그 회사가 몬산토와 긴밀한 협력관계를 맺고 있어서 다른 종자로 재배된 곡물은 사주질 않는 겁니다. 판로가 제한된 상황에서 농부들의 선택은 더욱 제한될 수밖에 없습니다.

　몬산토의 종자를 꼭 사야만 한다면 일단 구입해서 농사를 짓고, 다음 번 농사를 위해 씨앗을 잘 확보해두자, 이렇게 생각할 수도 있습니다. 하지만 그랬다가는 천문학적인 액수의 손해배상 책임을 져야 합니다. 위법 행위이기 때문입니다. 실용특허에 관한 하이버드의 판례에 따르면, 식물체 전체와 식물의 개별 구성요소(종자, 세포, DNA배열, 조직배양체 등)가 특허 대상으로 보호되기 때문에 수확한 종자를 다시 파종하는 것은 불법 행위가 됩니다. 실제로 미국의 어느 농부가 바람에 날려 저절로 심어진 몬산토 소유의 씨앗 때문에 특허법 위반으로 소송을 당한 사례도 있다고 해요. 법의 이름으로 어처구니없는 일들이 벌어지고 있는 것이지요.

　일개 기업이 이렇게 무소불위의 권력을 휘두르게 된 비밀은 무엇일까요? 『몬산토, 죽음을 생산하는 기업』(이레, 2009)의 저자인 마리-모니크 로뱅은, 몬산토 출신의 임원들이 미국의 정계와 법조계를 장악하면서 계속 순환되는, 이른바 회전문 인사에서 그 이유를 찾습니다. 이들은 회사의 이익이 곧 국가의 이익이라는 생각으로 정책을 결정하고, 법률을 제정하고, 그렇게 친기업적인 정책과 법률을 성실히 집행합니다. 전방위적인 로비 활동으로 언론과 학계를 관리하는 것도 빼놓을 수 없는 전략입니다. 기업은 돈을 제공하고, 언론과 학계는 그 기업에게 유리한 기사와 연구 결과를 발표하는 것이지요. 뭔가 복잡해 보이지만, 결국 끝없이 돈을 벌고, 그렇게 번 돈을 악착같이 지키기 위해 일어난 일들입니다. 공평하고 정의로워야 할 권력, 언론, 학문이 자본에 철저히 종속된 현실이 안타까울 뿐입니다.

식량으로 세계를 지배하려는 음모는 카길도 마찬가지입니다. 이와 관련해서는 카길 연구가 브루스터 닌의 책 『누가 우리의 식탁을 지배하는가』(시대의창, 2008)를 보면 자세히 알 수 있습니다. 카길은 인공위성과 전용 광케이블 시스템을 활용해 전 세계 주요 작물의 작황이나 선물가격 같은 사업에 필요한 정보를 모을 정도로 사업의 규모가 초국적인 거대 농식품복합체이지만 회사의 규모에 비해 사람들에게 많이 알려져 있지 않습니다. 창업 때부터 가족들이 의사결정권을 독점하고 있고, 수익 극대화를 위해 경영 전략이나 정보를 잘 공개하지 않는 탓이라고 합니다. 저자는 카길이 겉으로는 전 세계 사람들에게 양질의 먹을거리를 안정적으로 합리적인 가격에 제공하는 기업으로 알려져 있지만 실제로는 헐값에 식량을 확보했다가 값이 오르면 시장에 되팔아 엄청난 이익을 남기는 투기세력에 불과하다고 비판합니다. 단적인 예로 곡물가격이 폭등한 지난 2008년, 수많은 사람들이 배고픔으로 큰 고통을 겪고 있을 때 카길과 몬산토는 어마어마한 수익을 올렸거든요. 2008년 4월 30일자 《월스트리트저널》의 보도에 따르면 카길은 2007년 12월에서 2008년 2월까지 단 3개월 만에 무려 10억 3,000만 달러의 순이익을 올렸고, 같은 기간 몬산토도 11억 3,000만 달러의 순이익을 올렸다고 합니다.

카길은 이렇게 자사 이익을 극대화하기 위해 세계 단일의 개방 식량 체계를 구축하고 싶어 하는데요. 그런 세상을 만들기 위해, 몬산토가 그랬듯이, 자신들의 막강한 자본력과 로비 능력을 적극적으로 사용합니다. 문제는 이렇게 곡물메이저들이 폭리를 취하는 동안 전 세계의 경제적 약자들은 끔찍한 고통을 겪어야 한다는 거예요. 비싼 곡물 가격

"거대 농식품기업은 엄청난 자본력과 조직력으로 전 세계 농축산품의 가격을 마음대로 정하고, 자신들에게 유리한 방향으로 시장 질서를 구축해 덩치를 키우고 있습니다. 문제는 이런 곡물메이저들이 폭리를 취하는 동안 전 세계의 경제적 약자들은 비싼 곡물 가격을 감당할 수 없어 눈앞의 곡식을 보고도 배를 곯고 있다는 거예요."

을 감당할 수 없어 눈앞의 곡식을 보고도 배를 곯아야 하는 이들의 비참한 현실과 힘없는 이들의 고통을 대가로 엄청난 수익을 올리는 거대 기업의 추악한 욕망이 공존하는 세상. 이것이 지금 우리가 살고 있는 세상의 맨얼굴입니다.

모든 부조리의 근원, 신자유주의 •••

이렇게 초국적인 거대 농식품기업들이 활개를 치게 된 이유는 무엇일까요? 이들이 인간의 얼굴을 버리고 이윤 추구에만 몰입하게 된 배경에는 신자유주의가 있습니다. '자유'라는 말이 주는 긍정적인 이미지에 속지 않는 것이 중요한데요, 앞서 살펴본 모든 부조리한 상황의 밑바닥에 깔려 있는 아주 고약한 사상입니다. 장 지글러도 기아 문제를 일으키는 모든 부조리의 바탕에 신자유주의가 있다고 진단하면서 상당한 지면을 할애해 이 사상을 신랄하게 비판하고 있어요. 기아 문제의 원인을 제대로 이해하고 대안을 모색하기 위해서는 이 신자유주의를 정확하게 이해해야 합니다. 지글러의 책 뒤에 부록으로 실린 주경복 선생님의 글을 토대로 간략하게 살펴보도록 하겠습니다.

첫 번째로 소개할 사람은 아담 스미스(1723~1790)입니다. 고전주의 경제학의 창시자로 국부 창출을 위해 분업과 자유무역을 주장했던 사람입니다. 공정한 시장에서 자유롭게 경쟁을 할 때 자원이 효과적으로 배분되고, 그 결과 국부가 극대화된다고 믿었던 사람인데요. 흔히 알려진 것과 달리 그는 특정계층(부르주아)의 독점을 가장 경계했다고 합니다. 그래서 공정한 자유 시장 체제를 만들고, 그것을 유지하기 위해 국가의 역할을 강조했던 것이고요. 이런 맥락에서 그의 유명한 '보이지 않는 손'도 자유방임이 아니라 국가의 적극적 개입을 의미하는 표현으로 이해해야 한다고 합니다. 하지만 얄궂게도 그가 가장 경계했던 자들에 의해 그의 이론은 방임적인 자유주의 경제학으로 왜곡되고, 신자유주의의 사상적 기틀을 마련한 인물로 거론되곤 합니다.

다음으로 소개할 사람은 『인구론』을 집필한 맬서스(1766~1834)인데요. 그는 자신의 책에서 인구가 너무 많아져서 기아가 발생했다고 주장합니다. 인구가 계속 증가하다 보면 지구가 좁아져서 사람들이 살기 힘들어질 텐데 그때 기아나 전염병 등을 통해 인구밀도를 조절할 필요가 있다는 것이지요. 영국 국교의 신부였던 맬서스는 기아나 질병으로 많은 사람들이 죽는 것이 지구의 멸망을 막으려는 신의 섭리이자 축복이라고 생각했다고 해요. 신에게 선택받은 자는 살 것이고, 버림받은 자는 죽게 될 것이라는 이 황당무계한 주장이 서구 유럽 사회에서 크게 인기를 끌었다는 게 섬뜩하기까지 합니다.

한 세기가 지나면서 스펜서(1820~1903)라는 사회학자가 등장하는데요. 이 사람은 맬서스의 '인구론'과 다윈의 '진화론'을 결합해 '사회진화론'이란 이론을 만든 걸로 유명합니다. 이 사회진화론은 생물학에서 이야기하는 진화의 개념을 사회에까지 그대로 적용한 것이에요. 힘과 권력을 가진 사람들은 우월한 존재이고, 죽임을 당하거나 지배받는 사람들은 열등한 존재로 간주하는 이론이지요. 이 이론을 근거로 인종이나 국가의 우열을 정하는 일이 공공연하게 행해졌어요. 스펜서의 사회진화론은 당시 제국주의와 식민지 정책을 합리화하는 이론으로 자리 잡으며 19세기부터 20세기까지 크게 유행합니다.

이렇게 20세기 초반까지 서구 사회에 만연해 있던 승자독식의 자유경쟁의 이데올로기가 1930년대 접어들면서 그 문제점을 하나둘씩 드러내기 시작합니다. 자유를 빙자한 자본의 횡포와 독점으로 빈부격차가 심해지고, 서민들의 구매력이 감소하면서 세계 경제에 공황이 왔던 겁니다. 이런 문제를 해결하기 위해서 케인즈(1883~1946)라는 경제학자가 정부의 적극적인 시장 개입과 관리를 주장하고, 자유의 공공성을 지향하는 수정주의 이론을 제시합니다. 이 이론은 노동자의 자유와 권리를 보장하고, 복지 정책을 늘리고, 공공투자를 통해 경기불황을 극복하는 것이 주요 내용이었습니다.

대공황의 위기를 돌파하며 한 세대를 풍미했던 수정주의는 1970년대 전 세계에 불어 닥친 경기 침체를 계기로 비판을 받게 되는데요. 그 비판의 선두에 섰던 사람들이 시카고학파 경제 이론가로 알려진 하이에크와 프리드먼입니다. 이들은 정부 개입 대신 민간의 자유로운 경제 활동과 통화의 중요성을 강조하는 자신들의 사상을 '신자유주의(Neo-liberalism)'라고 불렀는데요, 1980년대 초 영국(대처)과 미국(레이건)의 정책 결정 과정에 적극 반영되면서 정치적 영향력을 갖게 됩니다. 이후 신자유주의의 위상은 계속해서 높아지는데요. 80년대 말 미국식 시장경제를 개발상도상국의 발전모델로 삼도록 한 '워싱턴 합의'와 세계화 체제(GATT, WTO, FTA)의 핵심 원리로 쓰이면서 명실상부한 주류사상으로 자리 잡습니다.

실제로 미국은 자국의 경제체제를 확산시키기 위해 개발도상국의 경제 위기를 최대한 이용하는데요. 우리나라도 1998~1999년 외환위기를 겪었을 때 '워싱턴 합의사항'을 이행하는 조건으로 IMF의 금융

지원을 받았습니다. 정부규제를 없애고, 재산권을 보호하고, 관세를 인하하고, 자본시장을 개방하고, 국가 기간산업을 민영화하는 정책들이 그때 수립된 것들입니다. 최근에 논란이 되고 있는 한미 FTA도 간단히 설명하면 한국에 미국식 경제체제를 이식하려는 협약인 거예요. 찬성론자들은 그것이 우리에게 득이 된다고 보는 것이고, 반대하는 사람들은 우리 경제의 근간을 뒤흔드는 끔찍한 재앙으로 보는 것입니다. 문제는 이런 신자유주의를 바탕으로 한 국제협약들이 기본적으로 불평등하다는 것이고, 그 배후에 초국적 거대기업이 있다는 사실입니다. 이렇게 국가가 기업에 종속되는 것이 위험한 까닭은, 자본의 확장을 적절하게 견제할 주체가 사라지게 되면서 사회 정의나 보편적 인권을 지키는 일이 어려워지기 때문입니다. 결국 신자유주의에서 말하는 '자유'란 강자가 약자를 마음껏 부려도 되는 일방적이고, 폭력적인 권리를 의미하는 것입니다. 약육강식, 승자독식의 세계에서 우리는 언제까지 안전할 수 있을까요?

북한의 기아 문제를 바라보는 여러 가지 시각 • • •

이제 우리의 시선을 북한으로 돌려볼 차례입니다. 북한의 식량난이 국제사회에 본격적으로 알려진 것은 1990년대 중반이었는데요. 1995~1998년 기아 관련 사망자를 250만 명에서 많게는 350만 명까지 추산하고 있습니다. 북한 인구의 10분의 1에 해당하는 엄청난 수준의 재앙이었어요. 그때 저는 대학생이었는데요. 이렇게 많은 사람들이 죽어갔는데도 당시에는 이런 사실에 대해 잘 알지 못했습니다. 다른 데 정신이 팔려 세상일에 무관심했던 탓도 있겠지만 사태의 심각성을 언론이나 정부가 국민들에게 적극적으로 알리지 않았기 때문이기도 합니다.

기억을 더듬어보면 당시 보수적인 주류 언론과 남한 정부는 북한의 식량난을 알리기보다는 오히려 북한의 도발 가능성을 부각시키면서 사람들을 불안하게 만들었던 것 같아요. 당시 김영삼 정부는 북한 원조에 매우 인색했었는데요. 그 이유가 북한이 곧 무너질 거라는 기대 때문이었다고 합니다. 1994년 7월, 김일성 주석의 갑작스러운 사망과 연이어 터진 식량난에 북한이 붕괴될 것으로 판단한 것이지요. 하지만 김정일과 북한 군부는 그 생지옥과 같던 시기를 '고난의 행군'이라는 이름으로 견뎌냅니다. 남북은 서로 날카롭게 대립하고 있었고, 여기저기에서 전쟁이 일어날지도 모른다는 흉흉한 소리가 들렸습니다. 상황이 이렇게 악화된 가장 큰 이유는 북한에 대한 남한 정부의 몰이해 때문이었는데요. 그때 상황을 되짚어가며 북한 기아 문제를 함께 생각해보겠습니다.

북한의 기아 문제를 제대로 이해하기 위해서는 무엇보다 폐쇄적인 전근대적 독재 국가의 특수성을 고려해야 합니다. 다들 알고 있듯이 북한은 철저하게 주민을 통제하는 나라잖아요. 그래서 국민들의 불만이 집단적인 저항의 단계로까지 잘 나아가지 않습니다. 오히려 기아와 같은 국가적 재앙을 국민들의 결속력을 높이는 계기로 활용하지요. 김일성 사후 김정일 체제가 빠르게 자리를 잡을 수 있었던 것도 이런 맥락에서 이해할 수 있습니다.

더불어 북한과 미국의 특수 관계를 고려해야 합니다. 우리 사회에 북한 기아 문제나 인권 문제 해결을 위해 활동하는 시민단체들이 꽤 있는데요. 대개 정치적으로 보수적인 사람들이 많이 참여합니다. 이들은 북한 권력층을 절대악이라고 규정하고, 그런 북한을 협상의 주체로 인정하는 사람들과 정치 세력을 굉장히 싫어해요. 북한 주민들은 굶주리고 있는데 핵무기나 개발하는 김정일과 북한 군부를 도저히 인정할 수 없는 것입니다. 그래서 대북포용정책(햇볕정책)에 반대하고, 남북정상회담의 결과물인 6·15 남북공동선언이나 10·4 남북정상선언문도 간단히 무시해버리지요. 어찌 되었건 그들에게 북한은 자국민을 굶기며, 전쟁 준비에만 매달리는 불량국가일 뿐이니까요.

그런데 과연 북한 기아의 책임이 김정일과 군부에게만 있는 것이냐는 질문에는 쉽게 '그렇다'라고 답하기 어렵습니다. 당시 자연재해 등의 이유로 북한의 식량 생산량이 감소하기도 했지만 그것보다 식량 확보 능력이 떨어지고 있었다는 점도 주목할 필요가 있습니다. 만약 우리나라가 큰 흉년으로 식량이 부족해지면 외국에서 수입해서 해결할 수 있지만 북한은 미국의 봉쇄정책 때문에 그게 불가능해요. 경제적인 압박뿐만 아니라 지속적으로 군사적인 위협도 느끼고 있고요. 그래서 북한 기아 문제를 이야기할 때 미국의 책임을 거론하는 사람들이 많은 것입니다. 북한이 기아 문제를 해결하기보다는 핵무기 개발과 미사일 실험에 집착하는 이유도 출구를 막아두고 계속해서 벼랑 끝으로 내몰았던 결과는 아닌지 곰곰이 따져볼 일입니다.

마지막으로 북한 농업의 구조적 한계에 대해서도 생각해 보아야 합니다. 『녹색평론』(116호)에 실린 중국의 사회사상가인 원 티에쥔의 「북한의 농업상황에 관한 노트」라는 글에 따르면, 북한의 대기근은 한두 번의 자연재해로 생긴 일시적인 현상이 아니라 아주 오랫동안 진행된 문제라고 합니다. 북한은 소련을 모델로 자국의 농업체제를 구축했는데요, 화학연료(석유)를 기반으로 한 근대적인 농업개혁을 추진했다는 겁니다. 이렇게 북한은 현대화된 농업 방식과 거의 무상에 가까운 석유 원조(국제 유가의 10분의 1 수준)를 통해 곡물 생산성이 향상되는데요. 1990년대 초 소련이 해체되면서 심각한 문제가 생기고 맙니다. 연료와 화학비료 수입이 끊어지면서 확보해놓았던 농기구를 제대로 사용할 수 없었고, 그 결과 생산성이 급격히 떨어졌던 것이지요. 게다가 한겨울 난방 연료가 없어 나무들이 한꺼번에 땔감으로 잘려 나갔고, 그런 민둥산에 폭우가 쏟아지면서 대규모 산사태와 경작지 훼손으로 이어졌다는 설명입니다. 예견된 재앙이라는 거예요.

북한의 근대식 농업체제의 붕괴가 우리에게 시사하는 바가 큽니다. 만약 우리가 화석연료에 기반한 농업 방식을 계속 유지하다가 에너지원이 공급되지 않는 위기를 맞는다면 우리 농업도 북한이 걸었던 길을 똑같이 걷게 될 테니까요. 전 세계의 모든 석유가 앞으로 30~40년 사이에 완전히 고갈된다는 환경 전문가들의 주장을 심각하게 받아들인다면 농업 방식의 변화는 미룰 수 없는 전 인류의 과제입니다.

북한의 기아 문제는 이렇게 만성적이고 복합적인 원인에서 기인한 것입니다. 그래서 문제 해결이 더욱 쉽지 않습니다. 김대중, 노무현 정부 10년간 남북 관계가 어느 정도 회복되면서 기아 문제 해결을 위해 제한적이지만 다양한 지원이 있었는데요. 대북 강경노선을 선택한 이명박 정부가 들어서면서 남북 관계는 다시 악화되고 말았습니다. 설상가상으로 2008~2009년 곡물가격이 폭등하고 큰 흉년을 겪으면서 북한은 10년 만에 또다시 끔찍한 식량난을 겪고 있다고 하고요.

대북 지원 단체인 '좋은벗들'에 따르면 북한 주민들은 배급받은 옥수수로 묽은 죽을 끓여 먹다가 그게 떨어지면 풀죽을 쑤고, 그것마저 다 먹으면 나무껍질을 먹었다고 합니다. 그렇게 거친 나무껍질을 먹다가 항문이 막혀 젓가락으로 파내기도 하고, 그러다 장파열로 죽는 사람도 생겼다고 하고요. 이렇게 상상을 초월한 북한의 식량난 소식이 여기저기에서 들려오고 있었지만 이명박 정부는 금강산 관광객 피살 사건을 계기로 정부 차원의 식량 지원을 중단해버렸습니다. 물론 있어서는 안 될 비극적인 사건이었고, 자국민의 안전을 책임져야 하는 주권국가로서 필요한 조치는 취해야 했겠지만, 그걸 이유로 수십만 명의 아사자를 외면해버린 우리 정부의 태도가 과연 적절했던 것일까요? 저는 그렇게 생각하지 않습니다.

북한을 압박하고 고립시키는 방식으로 북한을 무너뜨릴 수 있다고 또는 버릇을 고칠 수 있다고 생각하면 큰 오산입니다. 오히려 남북, 북미간의 대화 창구가 막힐수록 북한은 중국에 의지하게 되는데요. 문제는 북한이 중국에 의지하면 할수록 미국과 중국의 패권 다툼에 남북한이 엮일 가능성이 높아진다는 점입니다. 우리의 의지와 무관하게 갈등을 겪게 될 수도 있다는 것이지요. 이렇게 남북문제를 주체적으로 해결할 수 없게 되면 통일의 가능성도 그만큼 줄어들겠지요?

금강산 관광객 피살 사건 이후 천안함 침몰, 연평도 포격 사건과 같은 악재가 끊이질 않아서 정부 입장에서도 관계 회복이 쉽지는 않겠지만, 어떻게든 대화의 물꼬를 빨리 찾았으면 좋겠습니다. 일단 민간단체의 대북 식량 지원을 허용하고, 남북 당국간 대화 창구를 회복해야 합니다. 남북 모두 기아 문제를 정치적으로 활용할 것이 아니라 보편적인 인권의 문제로 생각할 필요도 있겠고요.

대안을 찾아서 • • •

왜 지구의 절반이 굶주리는지 그 이유를 이해하기 위해 길고 복잡한
길을 지나왔습니다. 이제부터는 해결 방법에 대해서 이야기를 나눠야
할 텐데요. 워낙 구조적인 요인들이 어지럽게 얽혀 있어서 단방에 해결
하기 어려운 문제인 게 분명합니다. 그렇다고 해결 방법을 몰라서 문제
가 이 지경까지 온 것 같지는 않습니다. 책임을 져야 할 자들이 그 책임
을 회피해온 탓이 더 크지요. 기아국의 부패한 정권, 그들을 묵인하고
이용한 1세계 국가들, 그런 악한 구조를 통해 큰 이익을 챙기고 있는
거대 다국적 기업들의 요지부동이 문제인 것입니다. 결국 이들을 어떻
게 압박하고, 변화시킬 것인가가 문제 해결의 핵심이겠지요.

　장 지글러가 이야기하는 첫 번째 대안은 인도적 지원의 효율성을 높
이는 겁니다. 전 세계에 많은 사람들이 선한 마음으로 식량과 돈을 모
아주는데요, 이것들이 필요한 사람에게 정확하게 전달되도록 지원 시
스템을 개선하자는 것입니다. 실제로 기아 문제를 해결하라고 건네진
돈과 식량이 독재권력이나 반군 세력같이 엉뚱한 이들의 배를 불리고,
서로를 죽이는 무기를 사는 데에 쓰인다고 하니 대책 마련이 시급하지
요. 그래서 원조 식량이나 개발 지원금을 해당 국가가 악용하지 못하게
감시하고, 필요한 사람들에게 잘 전달될 수 있도록 안정적인 배급망을
확보하는 노력은 그 자체로 의미가 있습니다.

　두 번째 대안은 기아국의 정치 개혁을 돕는 것입니다. 앞서 기아의

원인으로 부패한 권력에 대해 얘기했는데요, 기아국 국민들이 정치개혁의 주체가 되어 자국의 부조리한 상황을 해결할 수 있도록 도와야 한다는 주장입니다. 그러기 위해선 야만적이고, 반인권적인 부패 권력을 국제 사회가 함께 견제해주어야 하는데 문제는 그런 역할을 감당할 만한 국제기구가 과연 있는가 하는 것입니다. UN이 그런 역할을 담당해야 할 텐데요, 실제로는 종이호랑이 취급을 받고 있다는 게 문제입니다. 영향력 있는 나라들과 초국가적 기업들은 UN의 권위를 좀처럼 존중하지 않습니다. UN의 동의 없이 이라크를 침공했던 미국의 사례만 봐도 알 수 있지요. 세계 여러 나라가 반대했음에도 정치·경제적인 이유로 전쟁을 강행했는데, 이런 일이 반복해서 벌어지다 보니 UN의 목소리에 힘이 안 실리는 겁니다. 평화와 정의를 지키는 힘 있는 국제기구를 만드는 일이 쉽지 않은 것도 국제사회의 이런 복잡한 이해관계 때문입니다. 그래서 장 지글러는 전 세계에 흩어져 있는 진보적인 비정부조직, 시민사회단체, 노조의 연대를 제안합니다. 전 지구적인 민간조직의 연합을 통해 기아국의 정치 개혁을 이끌어내자는 것이지요. 세상의 정의와 평화가 슈퍼맨, 배트맨 같은 초인들이 지켜주는 게 아니라 '양식 있는 세계시민들의 연대'를 통해 가능하다는 생각에 저도 공감합니다.

세 번째 대안은 신자유주의에 대한 대안적 가치를 마련하는 것입니다. 신자유주의를 대체할 만한 가치에는 어떤 것들이 있을까요? 생명, 평화, 평등, 협동, 공존…… 여러 가치가 떠오르는데요. 오늘 주제와 연관 지어 간단히 얘기하면 '밥을 같이 나누는 삶'이 아닐까 생각합니다. 문제는 어떻게 하면 이런 대안적 가치를 여러 사람들에게 설득력 있게 전달할 수 있는가 하는 것이겠지요. 그저 듣기 좋은, 하지만 실현 불가능한 얘기로 폄하되지 않으려면 그런 가치를 구현할 방법도 고민해 보아야 합니다.

　이를 위해 무엇보다 지역 단위의 생산 체제가 확립되어야 합니다. 세계화, 산업화된 농·축산업의 문제를 앞에서 살펴봤는데요. 소수의 곡물메이저들이 먹을거리를 가지고 제멋대로 장난치지 못하게 하려면 모든 게 다양해져야 합니다. 생산자도 품목도 유통구조도 다양해져야 한다는 말이에요. 생산 체제를 지역별로 전환하자는 이야기는 식량자급률을 높이자는 뜻이기도 한데요. 그렇게 되면 세계 곡물 가격의 변동에 크게 영향을 받지 않게 됩니다. 실제로 아프리카나 중남미 지역도 자급자족할 수 있는 여건들은 다 갖추었다고 해요. 문제는 끼니를 해결해야 하는 사람들이 커피나 사탕수수만 재배하고 있는 상황입니다. 서구 1세계 국가 사람들의 기호식품을 충당하느라고 정작 자기들이 먹어야 하는 식량을 재배할 수 없는 이 황당한 현실도 신자유주의의 확산과 긴밀하게 연관되어 있습니다.

　여기에 한 가지 조건을 덧붙이자면 자연 친화적인 방식으로 먹을거리를 생산하는 것입니다. 화석연료에 의존하는 기존의 방식으로는 지역화된 생산 체제를 이룰 수 없기 때문입니다. 고유가로 생산단가가 올라가는 문제도 있지만, 석유가 고갈된 이후 그 생산 체제를 유지할 수 없다는 근본적인 약점이 있어요. 그래서 지열, 풍력, 태양열 같은 재생 가능한 에너지를 이용한 생산 체제를 고민할 필요가 있습니다. 어떻게 그런 게 가능할까 생각하는 친구들이 있을지도 모르겠지만 옛날 어르신들은 다 그렇게 농사를 지으셨어요. 우리가 먹은 음식이 소화가 되어

똥과 오줌으로 다시 땅으로 돌아가 생명을 키우는 힘이 되었듯, 자연과 동물과 인간이 순환하는 방식으로 지역 단위의 생산 체제가 확립될 때 승자독식의 신자유주의에 맞설 힘이 생기고, 기아 문제 또한 상당히 해결될 거라 생각합니다.

요새 세계화니, 글로벌이니 하는 말이 유행처럼 쓰이지요. 리더도 그냥 리더가 아니라 '글로벌 리더'가 되라 하고, '세계 일류'를 향해 쉬지 말고 뛰기를 요구합니다. 세계를 단일한 경쟁의 장으로 설정하고, 그 경쟁에서 이긴 자가 모든 것을 가져도 좋다는 발상입니다. 저는 이런 승자독식의 세계가 굉장히 폭력적이고, 야만적이라고 생각해요. 엄청난 힘으로 세계를 좌지우지하는 '글로벌 리더'보다 자신이 나고 자란 동네를 건강히 지키며 세상의 빛깔을 다양하게 만드는 '로컬 리더', 아니 '로컬 서번트'(지역 일꾼)들이 더 많아지면 좋겠습니다.

타인의 아픔을 상상하기 •••

미국의 환경운동가 중에 존 로빈스라는 사람이 있습니다. 그의 아버지의 이름은 어니 로빈스이고, 고모부의 이름은 버턴 배스킨이에요. 두 사람의 성(姓)에서 눈치를 챈 친구들도 있겠지만 그는 세계적인 아이스크림 회사 배스킨라빈스의 유일한 상속자이기도 했답니다. 재벌 2세가 환경운동가라니. 쉽게 상상이 안 되지요?

존 로빈스의 회고에 따르면 그는 어린 시절 아이스크림 콘 모양의 수영장이 있는 대저택에서 원하는 모든 것을 마음껏 누리며 살았다고 합니다. 가족 모두가 아이스크림을 입에 달고 살았던 건 두말할 필요도 없고요. 그렇게 입이 당기는 대로 이것저것 먹다 보니 가족 대부분이 비만과 당뇨, 고혈압 등으로 건강 상태가 좋지 않았대요. 그러던 어느 날 회사의 공동설립자이자 고모부였던 버턴 배스킨이 심장마비로 갑작스럽게 사망(1967)하고, 비슷한 시기에 아버지 어니 로빈스 역시 건강이 악화되는 걸 지켜보면서 존 로빈스는 굉장한 충격을 받았다고 합니다. 그는 이 충격적인 상황을 이해하기 위해 진지하게 공부를 하였고, 그 과정에서 운명적으로 불편한 진실과 마주하게 됩니다. 비위생적인 도살과 각종 화학약품에 의존한 집단사육, 그 과정에서 자행되는 동물학대 등으로 요약되는 공장식 축산업의 실상을 보았던 것이지요. 엄청난 돈 앞에서 갈등이 되었을 법도 한데 그는 한 치의 망설임도 없이 아버지로부터의 모든 재산 상속을 거부하고 그때부터 철저한 채식주의자, 생태주의자, 동물보호가의 삶을 살기로 합니다. 아이스크림의 재료가 되는 우유가 어떻게 만들어지고 그 과정에서 동물들이 어떻게 착취, 학대당하는지 알게 되면서 도저히 회사를 상속받을 수가 없었던 거예요.

앞에서도 얘기했듯이 저는 기질적으로 고기를 잘 먹지 못했는데 그것 때문에 아버지에게 많이 혼이 나곤 했습니다. 사내 녀석이 밥상머리에서 복 달아나게 음식을 가린다고 말이에요. 그래서 고기를 먹어야 진짜 남자, 진짜 어른이 된다는 강박 같은 게 어릴 때부터 있었답니다. 그렇게 울며 겨자 먹기로 조금씩 육식의 세계를 기웃거리며 어렴풋이 고기 맛이란 걸 느끼던 어느 날 존 로빈스가 쓴 『육식, 건강을 망치고 세상을 망친다』(아름드리미디어, 2000)라는 책을 보면서 비로소 저를 괴롭혔던 육식 강박증으로부터 벗어날 수 있었어요. 요즘은 제 타고난 식성이 어떤 면에선 대단한 축복일 수도 있겠다고 생각해요. 육식에 이런저런 문제가 있는 줄 알면서도 타고난 식성 때문에 고기를 차마 끊지 못하겠다는 친구들을 볼 때면 더욱 그렇습니다.

육식은 그르고, 채식이 옳다는 식으로 제 이야기를 오해하진 말아주세요. 다만 우리가 먹는 고기가 어떻게 만들어지는지 제대로 알고, 동물들의 고통을 줄여주는 사육환경에 대해서도 생각해보고, 내가 먹는 이 고기 한 점 때문에 어디선가 배를 곯는 사람이 있다는 걸 떠올려보자는 것입니다.

장 지글러가 책에서 이런 말을 하지요. "다른 사람의 아픔을 내 아픔으로 느낄 줄 아는 유일한 생명체인 인간에게 이 모든 문제의 희망이 있다." 밑줄 치고, 별을 백만 개쯤 그려 넣어도 아깝지 않을 메시지입니다. 아파하고 힘들어하는 생명을 보면서 마음이 편치 않은 것을 측은지심(惻隱之心)이라고 합니다. 세상의 모든 일을 나와 연관된 것으로 이해한다는 것은 생략, 은폐된 인과관계를 복원할 줄 안다는 것이고, 그 힘은 생명에 대한 상상력과 연결되어 있다고 생각해요. 먹을 게 떨어져 벼 뿌리나 옥수수 줄기를 갈아 끓여 먹다가 항문이 막히고, 막힌 항문을 젓가락으로 파다가 장파열로 죽게 되는 북한 아이들의 비참한 이야기를 들으면서 마음이 어땠나요? 안타깝고, 미안하고, 괴로운 마음에 울컥했다면 그것은 생명에 대한 예민하고도 풍부한 상상력을 지녔다는 뜻입니다.

물론 이런 상상력이 저절로 생기지는 않습니다. 그것은 세상을 분석하는 안목에 비례하는 능력이기 때문이에요. 우리 주변에서 벌어지는 모든 사건에는 하나의 원인만 있는 게 아닙니다. 여러 가지 원인이 복잡하게 얽히고설켜 있어요. 그 복잡한 사태의 전모를 차근차근 벗겨내려면 공부가 필요하지요. 바로 지금 이곳에서 여러분들이 하고 있는 이런 공부 말이에요. 이렇게 인문학적 교양을 꾸준히 쌓다 보면 사건을 해석하는 힘이 분명 길러질 것입니다.

이렇게 측은지심과 상상력과 분석력을 가지고 어떤 사건을 살펴보면 그전엔 보이지 않던 게 보이기 시작합니다. 맬서스를 다루면서 했던 이야기 있죠? 굶어죽은 이들을 보며 그들이 게으르고 무능력한 존재들이라 죽는 게 당연하다고 쉽게 생각했던 메마른 사람들이, 기아 문제를 다른 측면에서 이해하고, 고통받는 이들을 나와 똑같은 존엄한 생명으로 느끼는 순간 완전히 새로운 존재로 거듭나는 것이지요. 이런 인식의 전환을 경험한 이들은 기아로 고통받고 있는 사람과 자신을 비교하면서 '내가 누리고 있는 것이 너무 많지 않은가?', '혹시 부당한 과정을 통해 획득한 것은 없는가?' 하는 반성을 자연스럽게 하게 됩니다. 그런 회심(回心)을 경험하기 전이라면 자신이 그런 고통을 겪지 않아 다행이라고만 생각했을 거예요. '나는 세끼 밥 먹고, 때때로 맛있는 음식 사 먹을 만큼의 용돈도 있고, 필요할 때 타고 다닐 수 있는 차도 있고, 두 발 뻗고 편히 잘 내 방도 있고, 이만하면 여유가 있네. 다행이네' 이렇게 생각하지 않았겠어요? 그러나 세상의 변화는, 그런 여유를 누리는 것이 과연 내 능력과 노력에 대한 정당한 대가인지, 혹시 누군가의 고통을 담보로 한 것은 아닌지 스스로 의심해보는 이들을 통해 바뀌는 것이라고 믿습니다. 존 로빈스의 삶이 그랬던 것처럼요.

아는 대로, 깨달은 대로 살기 • • •

"머리 좋은 것이 마음 좋은 것만 못하고, 마음 좋은 것이 손 좋은 것만 못하고, 손 좋은 것이 발 좋은 것만 못합니다." 신영복 선생님의 말씀인데요, 저는 이 말씀을 똑똑한 머리로 세상의 부조리를 냉철하게 분석하는 것도 중요하지만, 그게 지적유희가 되지 않으려면 측은지심이 있어야 하고, 그런 사랑의 마음이 값싼 동정이 되지 않으려면 문제 해결을 위해 구체적으로 실천하는 것이 중요하다는 뜻으로 이해하고 있습니다.

실천이 중요하다는 것은 그만큼 하기 어렵다는 뜻이기도 합니다. 무엇이 옳고 그른지를 깨닫기까지는 마음만 먹으면 혼자서도 가능하지만, 아는 대로, 깨달은 대로 실천하며 사는 일은 말처럼 쉽지가 않습니다. 동서고금을 막론하고 앎과 삶의 불일치를 경계하는 가르침이 많은 것도 그래서이지 않을까 생각합니다. 문제는 이런 불일치가 오래 지속될 때입니다. 안타깝게도 사람들은 대개 스스로를 합리화하는 방식으로 이런 갈등을 해소하려고 합니다. 내 힘으론 어쩔 수 없다고, 세상은 쉽게 바뀌는 것이 아니라고 체념과 냉소에 빠지고 마는 것이지요.

스스로 비겁해지지 않고 자기를 합리화하지 않으려면 비틀거리고 머뭇거릴 때 나를 지켜봐줄 친구가 있어야 합니다. 혼자가 아니라 같은 뜻을 지닌 친구들과의 관계 속에 존재해야 한다는 말입니다. 그런 의미에서 진정한 공부는 지식을 쌓는 것만이 아니라 뜻을 함께하는 벗을 만나는 일이라고도 할 수 있겠습니다. 그런 공부는 자신을 바꾸고, 친구를 바꾸고, 세상을 바꿀 수 있습니다. 여러분이 2주에 한 번씩 이곳에 나와서 친구들과 공부하고 있는데요. 이런 만남과 인연을 정말 소중하게 여기고 자랑스러워했으면 좋겠어요. 의미 있는 공부 꾸준히 잘해

가길 저도 응원하겠습니다. 제가 준비한 이야기는 여기까지입니다. 혹시 질문 있으면 해주세요.

청소년 : 살아남는 자가 강하다, 신자유주의에 대해 이야기해주셨는데요. 사실, 태어나서 학교 들어오면 하는 일이 거의 경쟁이잖아요. 성적으로요. 어떤 분들은 남들이랑 경쟁하려 하지 말고, 어제보다 더 나은 내가 되기 위해 열심히 하라고 말하는데, 그게 말처럼 쉽지 않아요. 나랑 경쟁하라는 말인지. 저는 경쟁이 어렵고 불편한데 어떻게 해야 되나요?

정대영 : 경쟁과 생존이 대세인 시대에서 경쟁을 불편하게 여기는 학생의 마음이 참 귀합니다. 저는 학생이 그 마음을 잘 간직하고 살았으면 좋겠는데 주위 어른들은 그걸 탐탁지 않게 여기셨나 보군요. 어제보다 더 나은 사람이 되기 위해 자기 자신과 경쟁하라는 말은 해석하기에 따라 자기 한계나 과제를 극복해서 더 성숙한 사람이 되라는 뜻일 수도 있고, 경쟁에서 살아남아 일등이 되라는 뜻일 수도 있습니다. 승자독식의 세상을 그럴 듯한 말로 미화하는 것도 문제이지만 경쟁을 거부하는 것이 자신의 게으름에 대한 핑계가 되어서도 안 될 일입니다. 말의 맥락, 의도를 살피는 것이 중요할 것 같아요.

저는 학교에서 만나는 친구들에게 기회가 있을 때마다 '자기 이유'를 갖고 지냈으면 좋겠다고 이야기합니다. 왜 공부를 해야 하는지, 또 왜 대학에 가려고 하는지 스스로 설명할 수 있으면 좋겠다는 말이에요. 안타깝게도 그런 친구들을 만나기는 쉽지 않습니다. 그런데 내 삶의 이유가 부모의 칭찬이나 꾸중, 타인의 시선, 사회적 지위, 경제적 보상 등과 같이 바깥에 있으면 어떤 성취를 이루더라도 완전하게 만족할 수가 없어요. 그 성취가 나의 진짜 욕망이 아닐 수 있기 때문입니다.

『건투를 빈다』(푸른숲, 2008)를 쓴 김어준 씨가 책에서 이런 말을 해요. 인생의 가장 큰 비극은 타인의 욕망이나 세상이 조장한 욕망을 자기 욕망으로 착각하는 것이라고. 그 거짓 욕망을 좇아 죽을힘을 다해 달려왔는데, 그것을 이루고 나서야 비로소 그것이 내가 원하는 것이 아니었음을 깨닫게 된다면 어떤 기분이 들까요? 굉장히 허탈하고, 자신이 한없이 가엾게 느껴지고, 그런 거짓 욕망을 부추긴 사람들에게 큰 분노가 생기겠지요.

이 말을 주위 어른들의 기대를 무조건 거스르라는 뜻으로 오해하지는 마세요. 다만 자신이 원하는 삶이 무엇인지 진지하게 묻는 게 먼저라는 말입니다. 부모님의 뜻과 자신의 뜻이 일치하면 더욱 좋겠지만, 설령 그게 어긋나더라도, 마치 적금을 붓듯이, 부모님께 믿음을 주는 아들, 딸로 살면서 열심히 최선을 다해 설득하면 된다고 생각해요. 일단 자신이 원하는 삶, 꿈꾸는 세상이 어떤 것인지, 또 그것을 어떻게 이뤄갈 것인지 생각해보길 권해요. 내용이 구체적일수록 진정성이 생깁니다. 비슷한 꿈을 꾸는 친구들을 잘 만들어가는 것도 중요하고요.

청소년 : 기아가 엄청나게 큰일인데, 잘 해결되지 않고 반복되는 것 같습니다. 국제적인 문제라 손쓸 수 없는 것처럼 보이기도 하고요. 아직 학생이라 큰 힘이 없지만 이 문제에 어떻게 도울 수 있을까요?

정대영 : 앞에서 살펴보았듯이 기아 문제는 그 원인을 따져 들어가면 갈수록 깊은 절망감을 느끼게 되는 난제 중의 난제입니다. 악의 구

조가 너무 거대하고 강력해서 도저히 풀 수 없을 것 같아 보이기도 하고요. 그렇다고 손 놓고 한숨만 쉴 수도 없는 일입니다. 악의 무리들이 가장 바라는 것이 바로 대중들의 '체념'과 '냉소'이니까요.

너무 뻔한 답일 수도 있겠지만 눈에 보이는 것부터, 할 수 있는 것부터 실천해보자는 게 제가 드릴 수 있는 답입니다. 기아 문제를 자신과 동떨어진 저기 먼 지구 반대편 누군가의 문제로 여길 게 아니라 지금 내 옆의 이웃이 겪는 문제로 여기는 것에서부터 시작하자는 겁니다. 그렇게 되면 보이지 않던 이들이 보이게 되겠지요. 기아 문제에 대한 내 마음의 거리를 좁히는 것은 그래서 중요합니다. 아프리카의 기아 문제가 너무 막연하게 느껴진다면 북한의 기아 문제에 관심을 가져보고, 북한도 너무 멀게 느껴지면 우리 사회에 굶주린 이들은 없는지 살펴보세요. 오늘 다루지는 못했지만 풍족해 보이는 우리 사회에도 장기간 굶주림에 방치된 사람들이 굉장히 많습니다.

그렇게 돕고 싶은 이들이 구체적으로 정해지면 관련 시민사회단체에 금전적인 후원을 하거나 자원봉사자로 참여해보는 겁니다. 한두 번 생색내듯이 많은 돈을 기부하거나 한 번에 긴 시간 봉사활동에 참여하는 것보다 적은 액수, 짧은 시간이라도 꾸준하게 하는 것이 더 의미 있다고 생각해요. 더 적극적인 방법으로 도움을 주고 싶다면 마음 맞는 친구들을 모아 기아 문제와 관련한 캠페인 같은 걸 기획해보는 것도 좋겠지요. 기아 문제를 일으키는 여러 구조적 모순들을 쉽게 잘 풀어서 주변 사람들에게 설명하고, 그 사람들을 문제 해결 과정에 동참시키면 더욱 좋고요. 이런 일련의 활동이 고통받는 이웃을 돕는 차원에서 그치는 것이 아니라 자기 성찰과 성숙으로까지 이어진다면 더더욱 좋겠습니다. 자신의 식의주락(食衣住樂)에 끼어 있는 거품을 걷어내고, 과하게 누리고 있는 것들을 부족한 이들과 나누려는 마음, 그런 마음으로 작은 실천부터 하나씩 해보도록 합시다.

강의를 부탁받고 준비하는 동안 스스로 자격시비에 시달리며 가시방석 위에 앉은 기분이었습니다. 배고픈 이들을 막연히 동정만 하며 살아온 제가 기아 문제에 대해 얘기한다는 게 참 민망한 일이라 여겼기 때문이에요. 강의를 마치며 이제 그 불편한 자리를 벗어날 수 있게 되어 홀가분하기도 하지만 한편으론 오늘 이 자리에서 감당 못 할 소릴 또 얼마나 늘어놓았나 싶어 마음이 무겁기도 합니다.

평소에 깊이 고민하고, 살펴온 주제가 아니었던 탓에 사실 지난 몇 달간 시험 앞둔 수험생처럼 공부를 했어요. 그렇게 오랜만에 공부하며 누구보다 제가 많은 것을 배웠습니다. 새롭게 알게 된 것도 많았고, 어설프게 주워들은 이야기들을 차근차근 되짚어볼 수도 있어 참 좋았습니다. 무엇보다 앞으로 기아 문제와 관련해 계속 공부하고픈 마음도 생겼고요.

마지막으로 여러분에게 한 가지 약속을 하면서 자리를 정리할까 합니다. 오늘 뱉은 말을 잘 기억하며 그 말에 걸맞은 삶을 살겠다는 약속인데요. 말만 번지르르한 책상머리 샌님이 아니라 아는 대로, 말한 대로, 옳다고 믿는 대로 하루하루 열심히 실천하도록 할게요. 고통을 겪고 있는 이웃을 외면하지 않고, 그들의 고통을 줄이는 일에 작은 힘이나마 보태겠습니다. 좋은 자리에서 다시 만나게 되길 기대하고요. 오랜 시간 귀 기울여주어 고맙습니다.

내가 선택한 밥상이
세상을 바꾼다면?

김은진

대학과 대학원에서 법학을 공부했다. 1998년부터 한국농어촌사회연구소에서 연구원으로 있으면서 국내 농업 문제에 천착해왔다. 서울환경연합, 생협전국연합회, 전국여성농민회총연합 등 여러 농업단체에서 일했다. 생명공학, 특히 유전자 조작 농산물 문제를 집중적으로 공부했고 『유전자 조작 밥상을 치워라』를 지었다. 현재 환경농업단체연합회 정책위원으로 활동하며, 원광대학교 법학전문대학원에서 강의하고 있다.

반갑습니다. 김은진입니다. 길담서원에서 저를 교수라고 소개해주셨는데 참 민망합니다. 저는 교수직을 유지하며 산 것보다 훨씬 오랫동안 시민단체 활동가로 살아왔습니다. 20년 동안 농업단체에서 일했어요. 농업 분야의 길에 들어선 것은 제게 심오한 철학이나 관심사가 있어서가 아니었어요. 저는 1980년대에 대학을 다녔는데, 그 이전 70년대만 해도 아주 특별한 집안을 제외하고는 딸들을 대학에 보내는 경우가 드물었습니다. 집안의 기둥인 아들들의 학비, 생활비를 대느라고 많은 여성들이 어린 나이 때부터 일을 해야 했거든요. 그러다 80년대에 들어서면서 여성의 대학진학률이 전체 대학생 중에서 10%를 넘게 되었습니다. 아주 획기적인 일이었죠. 중요한 건 대학을 졸업한 여성들을 위한 일자리가 한국 사회에 전혀 준비가 안 되어 있었다는 점이었어요. 저 역시 대학은 졸업했는데 일자리를 구하지 못했습니다. 할 줄 아는 게 별로 없다 보니 공부를 좀 더 해볼 생각으로 대학원에 들어갔어요. 그런데 대학원에 가서도 공부만 하면 재미가 없잖아요. 공부는 조금 하고 많이 놀 수 있는 전공을 선택해야겠구나 하고 생각했습니다. (청중 웃음)

바로 이거야, 농업! •••

여러분, 그럼 어떤 전공을 선택하면 될까요? 남들이 안 하는 것을 하면 됩니다. 사람들이 많이 하는 학문은 그동안 이뤄놓은 게 굉장히 많기 때문에 공부해야 할 것도 엄청 많습니다. 반면 남들이 하지 않는 분야, 아무도 선택하지 않는 분야는 조금만 공부해도 내가 굉장히 많이 한 것처럼 느껴지겠죠. 그래서 대학에서 공부한 법학 전공과 관련해서 남들이 가장 안 하는 분야가 뭘까 고민했습니다. 찾아보니 대한민국에서 농업법을 아무도 안 하는 거예요. 저는 유레카를 외쳤죠. "이거다, 이걸 하면 내가 조금만 공부해도 대한민국에서 최고가 될 수 있겠다." (청중 웃음)

농업법을 공부하게 된 계기는 이렇게 단순했습니다. 꿈이 조금 해도 티가 많이 나는 공부를 하는 것이었으니까요. 그렇게 농업법을 시작했는데 공부해온 사람이 없으니까 가르쳐주는 사람도 없었습니다. 농업을 알아야 법학을 공부할 수 있겠다 싶어 농업 관련 단체에 들어갔죠. 그런데 농업을 공부하면 할수록 재미가 있었어요. 즐겁고 행복했어요. 공부, 학문을 떠나서 내가 살아가는 데 행복하고 즐거운 길을 알려주었습니다. 이 일이 돈이 되어서 즐겁고 행복한 게 아니라, 세월이 지나면서 내가 이 일을 안 했으면 인생이 정말 무미건조했겠다는 생각이 들었어요. 농업 관련 단체 활동가들은 농업을 '수렁'이라고 표현합니다. 한번 빠지면 절대 못 헤어 나온다고요.

실제로 농업단체 활동가들이나 농민들이 워낙 먹고살기가 힘들기 때문에 이직을 하는 사람들이 더러 있습니다. 그런데 떠났던 사람 중에서 2, 3년 지나 다시 돌아오는 사람이 많습니다. 농업에서 느끼는 삶의 재미와 기쁨을 다른 곳에서 찾지 못하니까요. 돈은 못 벌어도 상관없다, 삶의 기쁨을 누리는 게 최고다, 이렇게 생각하는 거예요.

제가 이런 이야기를 장황하게 드리는 까닭은 바로 먹는 것과 관련된 일이 선택의 문제이기 때문입니다. 제게 고3 아들이 있는데, 탄산음료나 햄버거를 안 먹어요. 제가 먹지 말라고 해서 안 먹는 게 아니라 본인의 선택이에요. 아들 왈, 그렇게 맛없는 음료수는 처음 먹어봤대요. 단점은 있어요. 친구들끼리 영화관에 가면 영화를 보고 패스트푸드점에 가는데, 자기는 집에서 밥 먹는다고 그냥 와버려요. 본인은 그다지 불편하게 생각하지 않고 스트레스도 안 받아요. 다른 것으로 얼마든지 친구들과 소통할 수 있는데, 내가 굳이 원하지 않는 것까지 먹어가면서 그 자리에 있을 필요가 없다고 생각하니까요.

여러분, 빵 먹지 말고 밥 먹으라는 말 많이 듣죠? 사실 빵을 먹는 게 더 편합니다. 봉지만 뜯어서 먹으면 되니까요. 밥을 먹으려면 불편합니다. 상 차려서 먹기가 얼마나 귀찮습니까. 그래서 요새는 밥도 김밥, 삼각김밥이 대세입니다. 왜? 편하니까요. 이렇듯 먹는 것은 선택의 문제예요. 편한 것을 선택하는 것과 불편한 것을 선택하는 것 사이의 갈등이지요.

집에서 엄마나 누군가가 밥을 차려주는 학생 때는 그나마 낫습니다. 조금 시간이 지나 집에서 독립해보세요. 그다음부터는 내가 직접 상을 차려 먹어야 하는데, 해먹는 것 자체가 힘들기 때문에 점점 밖에서 사 먹거나 간단하게 대충대충 때우게 됩니다. 어머니도 마찬가지입니다. 많은 주부들도 사실 편한 것을 선택하지 불편한 것을 선택하지 않습니다. 불편을 선택한다는 것은 굉장히 큰 용기입니다.

밥+채소+콩 : 전통적인 우리 밥상 •••

여러분, 우리는 왜 밥을 먹어야 하나요?

청소년 : 예전부터 우리 민족이 먹어왔으니까요.

맞아요. 프랑스 아이들에게 "우리는 왜 빵을 먹고 사나요?"라고 물어보면 "우리 땅에서 밀이 자라니까요"라고 대답을 한답니다. 우리 땅에서 쌀이 나기 때문에 우리는 밥을 먹습니다. 만약 우리 땅에서 쌀이 자라지 않았다면 밥을 먹지 않았겠죠. 그런데 빵은 빵만 먹어도 되는데, 밥은 밥만 먹으면 안 됩니다. 반찬이 있어야 하지요. '에이, 귀찮게 왜 반찬을 만들어 먹어야 돼?' 이렇게 생각하나요? 여기에는 오래된 우리 조상들의 지혜가 숨어 있습니다. 빵은 빵만 먹기 때문에 영양불균형이 생깁니다. 여기서 영양이란 단백질, 지방, 탄수화물 같은 서양식의 영양을 의미하는 것이 아닙니다. 몸이 필요로 하는 것들을 충분히 섭취하면서 자연과 조화를 이루면서 살아가지 못한다는 의미예요.

서양인의 식문화는 사시사철 먹을 수 있는 고기 중심입니다. 육류는 언제든지 먹을 수 있습니다. 반면 우리는 육류를 전통적으로 먹어왔던 민족이 아니라, 때에 맞는 곡류와 채소를 먹고산 민족입니다. 때에 맞춰 자연이 주는 것을 먹으니, 때에 맞는 반찬이 있습니다. 그 반찬이란 것도 화려하지 않습니다. 전통적으로 우리 조상, 우리 민족들이 먹어왔던 밥상이 있습니다. 제일 먼저 밥. 이 밥은 지금과 같은 흰쌀밥이 아니라 온갖 잡곡밥입니다. 그다음은 채소, 마지막으로 두류(콩 종류). 우리나라 밥상에는 전통적으로 항상 이 세 가지가 올라왔습니다.

'고기가 밥상에 올라간다'는 의미도 여러분 세대와 우리 세대가 다릅니다. 제가 어릴 때 집에서 고기를 먹는다고 하면 당연히 불고기가 상에 올라왔습니다. 고기에 양념을 하는데 거기에 양파, 당근, 버섯, 파 같은 채소를 고기보다 훨씬 많이 넣습니다. (청중 웃음) 요새는 고기를 어떻게 먹나요? 일단 고기를 구워서 배불리 먹고 난 다음 밥을 먹을까 냉면을 먹을까 소면을 먹을까 결정합니다. 이러한 밥상의 변화는 1980년대에 들어서 갑자기 일어납니다.

고기와 우유를 먹어야 키가 크지!? •••

여러분 중에 고기 없으면 밥 안 먹는 친구도 많을 거예요. 흔히들 고기와 우유를 먹어야 키가 큰다고 이야기하는데요. 부모님들이 자식들 키 크게 하려고 고기나 우유를 많이 먹게 하지요. 고기나 우유를 먹어서 키가 크는 게 아니라 사실은 다른 이유가 있다면 어떨까요?

오늘날 축산업자는 자신들이 먹으려고 가축을 기르는 것이 아니라 팔아서 돈을 벌고자 기릅니다. 돈을 많이 벌려면 많이 팔아야 하고 다른 이들과 경쟁을 해야 하기 때문에 싸게 팔아야 하죠. 그래서 선택한 것이 바로 공장식 축산입니다. 넓은 목장에 가축을 놓아 기르면 움직여서 살 빠지니 가둬놓고 못 움직이게 해서 살을 빨리 찌웁니다. 그러다 보니 햇빛을 보지 못해 면역력이 떨어져서 면역력을 대신할 항생제 주사를 놓습니다. 항생제 주사를 맞고 자란 가축이 항생제 내성이 생겨 점차 항생제 놓는 양을 늘리듯, 고기나 우유를 먹으면 사람도 항생제 내성이 생겨요. 항생제 내성이 생기면 감기가 걸려도 항생제가 말을 안 들어 폐렴으로 발전하여 죽는 경우까지 생기지요.◆

공장식 축산업자는 여기서 멈추지 않아요. 생산비를 낮추기 위해 성장촉진 호르몬 주사나 약을 사용하거든요. 성장속도를 빠르게 하는 이 호르몬제 덕분에 사육기간을 줄여 사료값을 절약할 수 있기 때문이에요. 문제는 이 호르몬제가 속도를 빨리하는 것이지 근본적으로 크게 하는 것이 아니란 점입니다. 유럽이 미국산 쇠고기 수입을 금지한 것이 광우병 때문이라고 많은 이들이 알고 있지만 사실은 이 광우병 우려보다 더 먼저 성장촉진 호르몬제에 대한 우려가 앞섰습니다. 1994년 유럽에서 일찍이 이 성장촉진 호르몬제를 주사한 미국산 쇠고기의 수입금지조치를 내린 것이 광우병으로 인한 수입금지조치보다 먼저 이루어졌습니다. 이 성장촉진 호르몬으로 키운 고기를 먹은 아이들에게 성조숙증(조기성숙)의 문제가 나타났거든요. 1994년 유럽의 수입금지조치로 그 고기들은 우리나라에 수입되었고 이후 우리나라에서도 서서

◆『항생제 중독』(고와카 준이치 외 지음, 생협전국연합회 옮김, 시금치, 2008) 참고

히 2차성징이 나타나는 연령이 빨라졌어요. 최근에는 성조숙증이 사회문제가 되고 있지요. 많은 이들이 모르고 있지만, 고기와 우유를 먹어 키가 크는 것이 아니라 성장속도가 빨라지는 것뿐이에요. 오늘날 아이들이 각종 성인질환에 걸리는 이유 중 하나가 이 성장호르몬으로 키운 고기를 많이 먹기 때문이기도 합니다.

환경오염의 심각성을 자각하다 • • •

자, 그럼 원래 하던 이야기로 돌아와서 1980년대 들어 밥, 채소, 두류 중심의 전통적인 밥상과는 너무나도 다른 밥상을 먹게 된 이유를 알아봅시다.

1980년대에는 세계적으로 굉장히 많은 일이 있었습니다. 그중 하나로 사람들이 환경에 대해 고민하기 시작합니다. 물론 그 이전 1940년대, 50년대, 60년대에도 환경에 대한 고민은 있었어요. 그러나 그때에는 산업개발이 많이 이루어진 선진국들 중심으로 대기오염, 수질오염, 토양오염을 주로 고민했습니다. 그러다 1960년대에 레이첼 카슨의 『침묵의 봄』이라는 책이 세상에 나오면서 고민의 단초가 이전과는 확연히 달라집니다. 레이첼 카슨이 이 책을 쓰기 전에는 환경오염을 오로지 물이 오염됐구나, 공기가 오염됐구나, 흙(땅)이 오염됐구나라는 식으로 따로따로 생각했습니다. 그러나 카슨은 이 책에서 환경이 오염된다는 것은 단순히 물이 오염되고 공기가 오염되는 것이 아니라 근본적으로 '생태계 전체'가 오염되는 것임을 이야기합니다. 또 생태계를 파괴하는 원인을 석유화학제품에 의존해서 사는 삶의 방식이라고 이야기하죠.

그중 대표적인 것이 풀도 벌레도 모두 죽이는 농약입니다.

1960년대 선진국에서 처음으로 생태계에 관심을 가지기 시작하면서 농약의 위험성을 깨닫는 사람들이 점차 늘어나죠. 농약회사 입장에서는 이대로 가다가는 회사가 망할지도 모른다는 위기감에 휩싸입니다. 그래서 대안으로 생각한 것이 그동안은 농약을 돈 많은 선진국에서만 썼는데 이것을 가난한 개발도상국에도 팔아야겠다는 것이었습니다. 결국 1960년대 말, 70년대 들어오면서 개발도상국에서도 농약과 화학비료를 써서 농사를 짓게 됩니다. 우리나라에 농약과 화학비료가 들어오기 전까지는 벌레를 손으로 잡았어요. 낫 들고 다니면서 풀도 손으로 뽑고 벌레도 손으로 잡았어요. 농약을 사용하자 예전에는 내 몸뚱이를 가지고 일을 했는데 이제는 농약이 대신 일을 해줍니다. 농약만 치면 저절로 해충이 죽었습니다. 대신 농약을 사야 하니까 농부들은 돈이 많이 들었죠.

그렇게 1980년대가 됐습니다. 예전에는 선진국들만 오염이 됐는데, 이제는 개발도상국까지 전세계가 농약으로 오염이 돼요. 그러면서 전세계적으로 환경 문제에 대한 경각심이 커지고 환경운동이 활발하게 일어납니다. 80년대 10여 년간 환경단체들의 문제제기에 힘입어 결국 1992년에 UN에서 리우선언을 합니다. 그 핵심은 지속가능한 개발이었습니다. 이대로 가다가는 지구가 존속하지 못한다, 지금까지 오염시킨 것을 개선할 자신은 없지만 악화시키지만 말자고 뜻을 모았어요. 다시 말해 1992년 지금 현재의 지구 상태를 악화시키지 말고 현 상태를 지속시킬 수 있는 만큼만 개발하자는 것이 지속가능한 개발의 목표입니다. 여러분이 한두 번 들어보았을 탄소배출권의 기준도 1990년의 배출량을 기준으로 합니다. 20년 전에 비해 지금은 각 나라가 배출하는 탄소의 양이 엄청나게 늘어났겠죠? 자동차만 해도 몇 대가 늘어났겠어요. 탄소배출량을 1990년대로 유지하려니까 분명 실행하는 데 어려움이 많습니다.

이렇게 1990년대에 사람들이 환경과 생태계에 관심을 갖기 시작하면서 오늘날의 삶의 방식을 성찰하고 불편을 선택하자는 움직임이 나타납니다. 개발을 지금보다 덜하면 덜할수록 삶은 점점 불편해지잖아요. 불편을 선택하고라도 지구를 존속시켜야 한다는 사람이 생기기 시작했어요. 하지만 모든 사람들이 다 이렇지는 않았습니다.

전 세계가 미국과 거래하게 만드는 가트 체제 •••

1980년대에 일어난 또 다른 일을 살펴보기 전에 우선 1940년대로 돌아가봅시다. 1940년대에는 2차 세계대전이 끝이 납니다. 2차 세계대전 이전에는 세계의 주도권이 유럽에 있었습니다. 우리나라, 일본, 중국 등 동북아시아 몇 개국을 빼고는 나머지 전 세계가 유럽의 식민지였던 시대였죠. 유럽의 나라들이 식민지를 개척했던 가장 큰 이유는 무엇이었을까요? 이 질문의 정답은 금과 관련이 있습니다. 1800년대 후반에서 1910년대를 배경으로 하는 글이나 영화를 보면 사람들이 금을 캐러 많이 다닙니다. 당시에는 한 나라의 부를 가늠하는 척도는 금 보유량이었습니다. 얼마나 금을 많이 가지고 있느냐가 그 기준이었어요. 각 나라들은 금 보유량을 가지고 돈을 찍어서 이걸로 먹고 살았습니다. 이를 금본위체제라고 부릅니다.

2차 세계대전이 끝나면서 세계의 주도권이 미국과 소련으로 넘어갑니다. 중요한 건 우리가 속해 있던 세상은 미국과 가까운 세상이었지 소련과 가까운 세상이 아니었다는 점이었죠. 세계의 주도권을 새롭게 거머쥔 미국은 세계를 미국 중심의 시스템으로 바꿉니다. 이게 그 유명한 브레튼우즈 체제입니다. 세계의 모든 부의 척도를 금이 아니라 달러로 바꾸게 돼요. 지금은 나라의 경제 사정이 좋다, 안 좋다를 외환 보유고가 얼마인지를 가지고 말합니다. 이것이 바로 달러본위체제입니다. 이제는 달러가 많아야 부자 나라가 됩니다. 그런데 미국을 제외한 다른 나라들은 달러를 못 찍잖아요. 할 수 없이 미국에 수출을 해야 합니다. 미국에 뭔가를 수출해서 물건을 팔아야만 달러를 가질 수 있죠. 이렇게 전 세계가 미국과 거래하는 시스템으로 바뀌게 됩니다. 이런 시스템을 그 유명한 가트 체제라고 합니다. 가트(GATT, General Agreement on Tariffs and Trade) 체제를 우리말로 풀자면 무역과 관세에 관한 일반협정입니다. 핵심은 비교우위론에 입각한 자유무역입니다. 무역을 하는 데 있어서 관세를 매기지 말라, 남의 나라 물건에 대해서는 관세를 매기지 말라는 것이 핵심이죠.

비교우위론에 입각한 자유무역, 그 뒤에 숨은 함정 • • •

비교우위론이 이론적으로는 굉장히 완벽해요. 그런데 이론적으로 완벽한 것에는 항상 맹점이 있습니다. 경제학 분야 중에서 계량경제학이라 불리는 분야가 있습니다. 여러분이 사회 시간에 배우는 수요공급곡선도 개량경제학의 하나이죠.

이를테면 사과 100개가 있는데, 그 값을 얼마로 설정하느냐? 수요공급곡선에서는 생산량과 수요량의 접점으로 파악합니다. 이때 수요량과 공급량 이외의 조건은 모두 고정이어야 해요. 수요공급곡선에서는 사람이 100명이면 사과도 100개 팔려야 한다고 가정하지만, 실제로 사과의 값은 사과를 먹고 싶어 하는 사람이 얼마나 되느냐에 따라 달라집니다. 이렇게 개개인의 감정이나 선호도는 무시한 채, 모든 것을 숫자로 계산하는 것이 계량경제학입니다. 그야말로 이론적으로 만든 분야이죠.

이제, 계량경제학의 하나인 비교우위론을 살펴봅시다. 예를 들어 볼게요. 이를테면 A네 집은 안경을 하나 만드는 데 100원이 들고, 신발한 켤레를 만드는 데는 200원이 듭니다. B네 집은 안경을 만드는 데 200원이 들고, 신발 한 켤레를 만드는 데는 100원이 듭니다. 둘을 비교하면 A는 안경을 더 잘 만들고, B는 신발을 더 잘 만든다고 할 수 있습니다. 그러니까 A는 안경만, B는 신발만 만들어서 둘이서 서로 만든 것을 사고팔면 좋지 않겠어요? 이론적으로 완벽하죠? 뭣 하러 잘 만들지도 못하는 안경을 200원씩이나 들여서 만드느냐, 이거예요. B에게는 100원이면 안경을 뚝딱 만들어내는 A네 집에서 사서 쓰는 편이, A에게는 잘 못 만드는 신발 만드는 데 애쓰지 말고 잘 만드는 B네 집에서 사서 쓰는 편이 더 낫겠죠? 그런데 이때 나머지 모든 값은 고정입니다. A네 집도 가족이 10명, B네 집도 10명이에요. 이 경우, A네 집에서는 B네 집에서 신발을 몇 켤레 샀을까요? 당연히 가족이 10명이니 신발도 기본적으로 10켤레를 샀겠지요. 그렇다면 B네 집에서는 A네 집에서 안경을 몇 개 샀을까요? 눈이 나쁜 사람만 샀겠죠. A네 집은 안경 10개를

"GATT, WTO의 핵심은 비교우위론에 입각한 자유무역입니다. 나라마다 특별하게 잘하는 분야만 주력해서 국제무역과 물자교류를 하자는 거죠. 이에 따라 남의 나라 물건에 대해서는 관세를 매기지 않는 등 무역장벽을 낮췄어요. 비교우위론이 이론적으로는 굉장히 완벽하지만 맹점이 있어요. 상품마다 수요가 달라서 이윤도 다르게 남는다는 거예요. 더구나 부가가치 높은 것은 선진국이 다 가져가고 부가가치 낮은 것만 개발도상국 차지가 된다면 불평등이 더 심해지죠."

다 못 파는 거예요. 이론적으로는 분명히 안경 10개를 사야 되는데, 불행히도(?) 눈 나쁜 사람이 많지 않아서 안경 10개를 전부 사지 않아요. 이게 바로 불평등입니다.

우리가 본질적으로 비교우위론에 입각한 자유무역이 불평등하다고 말하는 이유가 바로 여기에 있어요. 분명히 A도 B도 10개씩 팔아 이윤이 남아야 하는데 실제로는 수요가 달라서 그렇지가 못해요. 더구나 부가가치가 높은 것은 선진국이 다 가져가고 부가가치가 낮은 것만 개발도상국 차지가 된다면 불평등이 더 심해지죠.

B네 집은 신발 10켤레씩 A네 집에 팝니다. 그런데 A네 집은 눈 관리를 잘해서 1년이 지나도 2년이 지나도 눈이 안 나빠지는 B네 식구에게 안경을 하나도 팔지 못해요. 그러나 A네는 이미 신발을 포기했습니다. 왜? 안경을 더 잘 만든다고 생각했기 때문입니다. 결국 B가 없으면 신발을 신지 못합니다. 대외의존적이 되는 거예요. 비교우위론에 입각한 경제체제는 불평등하고 여기에 발을 들이면 대외의존도가 높아져 빠져나갈 길이 없어집니다. 이게 가트 체제입니다.

농산품, 자유무역시장을 '자유롭게' 오가다 •••

2차 세계대전이 끝난 1940년대 이후 가트 체제가 쭉 이어집니다. 당시 가장 중요한 무역 상품은 공산품이었습니다. 1960년대 우리나라가 경제개발 5개년 계획을 추진하는데 신발, 옷, 가발 등을 만들어 수출해서 경제성장을 이뤘다는 내용은 초·중·고등학교 사회 교과서에 비중 있게 실려 있죠. 1960, 70년대까지 전 세계적으로 공산품 중심으로 수출, 수입을 하면서 살았습니다. 그러다 보니 불평등이 점점 심해졌습니다. 개발도상국 입장에서는 분명히 이론적으로 괜찮을 줄 알았는데 하면 할수록 손해였어요. 왜? 개발도상국에서 만들어 파는 물건들은 전부 노동집약적이기 때문에 노동자들이 먹고살기 힘들 만큼 인건비를 줄이고 줄여서 물건을 만들어냈거든요. 게다가 신발, 옷, 가발 등은 값이 싸서 많이 내다 팔아야 하는 반면, 저가품을 수출하는 우리가 수입하는 것은 고가품이기 때문에, 신발, 옷, 가발 같은 물건을 만 개쯤 팔아야 고가품 하나를 삽니다. 1980년대에 이러한 불평등한 무역 구조에 개발도상국들이 점점 불만을 드러내기 시작합니다. 지금껏 대장 노릇을 해왔던 미국으로서는 기분이 나쁘죠. 이것들이 군말 없이 잘 따라왔으면 좋겠는데 갑자기 너무 똑똑해져서 형님 국가한테 대들기 시작하니까요. 그래서 미국이 생각을 합니다. '이 위기를 극복하지 않으면 망하겠다. 어떻게 극복하지? 지금까지는 공산품 위주로 무역을 해왔는데 이래서는 안 되겠구나. 1차, 3차 상품으로까지 확대해야겠다.'

1차 상품은 자연에서 나오는 농축수산물이고, 3차 상품은 서비스업입니다. 법률 서비스, 의료 서비스, 교육 서비스 이런 것들이 3차 상품입니다. 미국은 우루과이라운드가 처음 시작될 때 1차 상품과 3차 상품까지 비교우위론에 입각한 자유무역으로 거래하겠다는 계획을 세웁니다. 문제는 1차 상품을 생산하는 사람과 3차 상품을 생산하는 사람들 간에 권력의 차이가 존재한다는 점이었습니다. 농축수산물을 생산하는 사람보다 교육, 의료, 법률 등 서비스업종에 종사하는 사람들의 권력이 더 큰 것이 현실이니까요.

현재 미국 대통령인 오바마는 법을 전공해서 변호사를 하다가 대통령이 되었습니다. 우리나라에 국회의원이 300명가량 있습니다. 300명 중에 150명이 법조계 출신입니다. 60~70명은 의사, 약사, 한의사 같은 의학계열 출신입니다. 50~60명은 교수나 박사입니다. 남은 10~20명 정도는 대대손손 정치만 하는 집안의 출신입니다. 이러한 사람들 입장에서는 자기 밥줄이 걸린 시장을 개방하고 싶지 않겠죠. 결과적으로 80년대 넘어오면서 1차 상품만 왕창 개방이 되었습니다. 1995년, GATT 체제에서 우루과이라운드의 결과물을 등에 업고 WTO가 출범합니다. WTO의 핵심이 바로 '잘하는 것만 해서 다 같이 잘 먹고 잘 살자'입니다. 한마디로 비교우위론에 입각한 자유무역입니다. 그렇게 90년대를 맞이하면서 엄청나게 많은 농축수산물이 수입됩니다.

가공식품 전성시대 • • •

WTO는 국가와 국가, 즉 정부와 정부 간에 하는 무역 협상입니다. 그러나 수입, 수출은 정부가 직접 하지 않고 기업이 합니다. 그런데 일반 상품과 농산품 간에는 차이가 있어요. 컵, 옷, 가방 같은 상품은 10년 후에 팔아도 되지만, 농산물은 금방 시들고 상하고 썩기 때문에 그렇게 못하죠. 농산물을 상품이라고 부르면 안 되지만, 말하자면 농산물은 유통기한이 짧은 상품이에요. 수입업자 입장에서는 수입해봤자 안 팔리고 괜히 썩어서 버리기만 하니까 농산물 수입을 안 하려 하죠. 수입농산물 좋아하는 사람은 별로 없으니까요. 되도록 국산 농산물 먹으려고 하지 수입농산물 안 먹으려고 하잖아요. 오늘 엄마가 도라지무침을 하려고 시장에 갔는데 중국산만 있지 국산 도라지가 없어요. 그럼, 많은 엄마들은 중국산 도라지 대신 그 옆에 있는 국산 콩나물을 사가지고 와요. 소비자들이 별로 원하지 않기 때문에 수입업자들은 농산물 수입을 하지 않지요.

이런 상황을 누가 가장 기분 나빠할까요? 이 시스템을 만든 미국이 겠죠. 그래서 미국이 끊임없이 WTO에 제소하는 거예요. 저 나라는 왜 수입 안 하냐면서. 이때 끊임없이 소송까지 가는 나라가 유럽이에요. 소송에서 지는데도 농산물 수입을 안 하고 끝까지 버텨요. 유럽이 뭐라고 하면서 안 하냐 하면, 이를테면 이런 식이에요. '우리는 수입 개방한다고 법도 다 만들었다. 중요한 건 업자가 돈이 안 되니까 수입을 안 하는 걸 우리보고 어쩌라는 거냐.'

우리나라 수입업자들도 농산물 수입을 안 하겠죠. 그러나 유럽과 다르게 우리나라는 정부가 직접 수입농산물을 수입해요. 우리나라에 유통되는 모든 수입농산물들은 정부 산하기관인 한국농수산식품유통공사(구 농산물유통공사)를 통해서 들어옵니다.

수입농산물이 우리나라에 처음 들어오기 시작한 80년대 말, 소비자들이 수입농산물을 찾지 않아서 창고에 쌓여만 갔습니다. 나랏돈으로 샀는데 썩혀 버리면 아깝잖아요. 엄청나게 쌓여 있는 수입농산물을 어떻게 다 처분할 것인가, 정부가 심각하게 궁리를 합니다.

해서 정부가 농산물 가공 사업을 대기업도 할 수 있도록 제도를 바꿔버립니다. 70년대 말, 80년대 초반까지 농산물 가공은 중소기업만이 할 수 있었어요. 법으로 그렇게 정해져 있었습니다. 이를테면 김치 사업, 각종 반찬 사업, 된장·고추장 사업같이 농산물을 가공하는 사업이 있잖아요, 대기업이 이런 농산물 가공 사업에 뛰어든다면 정부로서는 엄청나게 쌓여 있는 농산물을 한 번에 대량으로 처분할 수 있으니 얼마나 좋겠습니까? 조그만 기업은 조금씩밖에 사지 않는데 대기업은 일단 공장을 크게 지어서 대량으로 농산물을 사가니까요.

이렇게 한쪽에서는 불편을 선택하던 1980년대 말, 다른 한쪽에서는 대기업이 농산물 가공을 시작합니다. 제일 처음 대기업이 뛰어든 농산물 가공 시장은 냉동만두 시장이었어요. 사실 냉동만두 시장은 중소기업이 오랫동안 엄청난 돈을 들여 기술개발한 끝에 내놓은 건데 여기에 대기업이 무임승차를 한 것이죠. 기술개발에 많은 돈을 썼던 중소기업은 대기업이 냉동만두 시장에 뛰어드는 바람에 망했어요. 그게 '삼포만두'라는 회사였어요. 당시 대기업은 가격도 삼포만두보다 절반 정도 싸게 시장에 내놓았어요. 거기다 할인도 더하고 끼워 팔기까지 했죠. 어떻게 그렇게 싸게 팔 수 있었을까요? 그 안에 있는 원료가 전부 수입농산물이기 때문이었습니다. 그리고 대기업은 삼포만두가 이미 개발해놓은 기술을 커닝해서 만들었기 때문에 기술개발에 돈을 거의 쓰지 않았어요. 소비자들은 이를테면 삼포만두는 만 원인데, 대기업표 만두는 오천 원에 끼워서 더 주기까지 하니 전부 다 대기업 냉동만두를 사기 시작했어요. 냉동만두 시장이 대박이 난 후, 80년대 말에서 90년대 초 대기업들이 냉동 돈가스, 냉동 동그랑땡, 냉동 생선가스…… 각종 냉동식품을 엄청나게 만들기 시작합니다.

70년대까지는 직장생활을 하는 여성들이 우리 사회에 거의 없었어요. 많은 여성들이 집에서 살림을 해서 반찬을 직접 만들어 먹었어요. 그런데 80년대 말 여성들의 사회 진출이 점점 늘어나기 시작합니다. 그렇다면 여러분, 여성도 남성도 일을 하면 집안 살림은 누가 해요? 청소는 청소기가 해요. 빨래는 세탁기가 해요. 요새는 털어서 너는 것도 귀찮아서 다 말려져서 나오기까지 해요. 청소기는 또 어때요? 직접 밀고 다니는 게 귀찮아서 스위치만 누르면 스스로 움직이는 로봇청소기도 있어요. 밥은 또 밥솥이 하죠. 문제는 반찬이에요. 반찬을 뚝딱 만들어주는 가정기기는 없으니까요. 그래서 1980년대에 냉동식품이 대박이 났어요. 냉동식품은 다 만들어진 것을 사다가 집에서 부치기만 하면 반찬이 되잖아요.

이렇게 1980년대 말 여성의 사회 진출이 활발해지는 것과 우루과이라운드를 통한 농산물 수입 개방과 대기업이 농산물 가공 산업에 뛰어드는 것, 이 세 가지가 딱 맞아떨어져서 전통적인 우리나라 밥상이 사라졌습니다. 잡곡밥, 채소, 두류 중심의 전통 밥상이 가능하려면 살림하는 누군가가 있어야 돼요. 지금의 밥상은 우리가 1970년대까지 먹던 밥상과는 전혀 달라요. 1980년대를 기점으로 육류 중심의 밥상으로, 특히 냉동식품 위주의 밥상으로 바뀌었어요.

처음부터 대박이 나서 지금까지 잘 팔리는 냉동만두, 냉동 돈가스, 냉동 동그랑땡. 집집마다 냉동실을 보면 이런 냉동식품 하나둘씩 있어요. 그 이전의 밥상과 그 이후의 밥상의 차이는 바로 식용유 사용량을 보면 아는데요. 냉동 동그랑땡 같은 냉동식품을 먹으려면 식용유가 반드시 있어야 하잖아요. 1970년대 이전에는 식용유 쓸 일이 없었어요. 그런데 냉동식품 소비가 늘어나면서 갑자기 식용유를 많이 씁니다. 식용유로 튀김 요리를 하면 식용유가 여전히 남아요. 1980년대만 해도 식용유가 귀한 식품이었기 때문에 식용유가 남으면 버리기 아까워서 아껴뒀다가 그다음 튀김 요리 할 때 다시 썼어요. 그런데 한 번 끓인 기름은 두 번 다시 쓰지 않는 게 좋다는 사실이 알려지게 되죠. 기름을 한 번 끓이면 공기 중에 있는 산소와 결합해서 부패하기 시작합니다. 이걸 산패라고 하는데, 산패된 기름은 몸에 독이 될 수 있어서 요리하고 남은 식용유는 반드시 버려야 하거든요. 사람들이 쓰고 난 식용유를 하수구에 그냥 버리자니 양심에 찔립니다. 그럼 어떻게 하면 될까요?

청소년 : 냉동식품을 먹지 않으면 돼요.

네, 맞아요. 그게 가장 좋은 선택이죠. 냉동식품을 안 먹으면 식용유를 안 쓰니까 남는 식용유 버릴 걱정을 안 해도 돼요. 그러나 사람들은 이미 냉동식품을 안 먹는 불편보다는 냉동식품을 먹는 편함을 선택했어요. 대신 튀김 폐식용유를 모아서 비누 만드는 일에 너도 나도 동참합니다. 1990년대 전국의 모든 종교단체, 시민단체, 여성단체, 소비자단체 등이 폐식용유를 모아서 비누를 만들었어요. 6, 7년 정도 비누 만들기 붐이 있었는데 요새는 안 하죠. 왜 그럴까요?

여러분 중에 빨래비누로 빨래하는 집이 얼마나 있나요? 세탁기용 가루비누 내지 물비누로 세탁기를 돌리지, 빨래비누로 빨래하는 집은 요새 거의 찾아보기 힘들어요. 당시 전국의 많은 사람들이 폐식용유로 비누를 만들었지만, 만들면 만들수록 집에 쌓이기만 하지 줄어들지가 않았어요. 결국 비누 만들기 운동이 시들해졌습니다.

처음에는 폐식용유를 안 버리고 비누를 만들어 쓴다는 것만으로도 사람들은 자신이 굉장히 훌륭한 삶을 살고 있다고 생각했어요. 문제는 그다음이었어요. 내가 폐식용유로 빨래비누를 만들었으면, 빨래를 빨래비누로 해야 돼요. 그런데 빨래비누로 빨래하는 것은 굉장히 불편한 일이에요. 세탁기로 하는 게 더 편하죠. 이렇듯 편함과 불편함을 선택하는 기로에 섰을 때 내가 무엇을 선택하는가에 따라 세상은 더 좋게 혹은 더 나쁘게 변할 수 있습니다. 근본적으로 냉동식품을 안 먹는 것을 선택했으면 되었을 텐데 먹는 것을 선택하고 나니 또 다른 문제점이 생겨났던 것이죠.

기업이 지배하는 우리 집 식탁 • • •

냉동만두, 냉동 돈가스 같은 냉동식품 시장에서 재미를 본 대기업들은 1990년대 말~2000년대 들어서 김치, 장류로까지 손을 뻗칩니다. 몇십 년 대대로 종갓집에서 만들던 김치 그 맛을 그대로 살렸습니다, 이러면서 대기업에서 김치와 장류를 만들기 시작했어요. 그다음에는 국, 찌개류까지도 대기업에서 만들었어요. 지금은 밥도 즉석용이라고 해서 가공식품으로 나와요.

우리나라 식량자급률이 26%라고 해요. 쌀을 제외하고는 5%도 안 된다고 하죠. 결국 74%는 수입이라는 말이에요. 집에서 엄마가 산 쌀, 채소를 한번 생각해보세요. 그중에 74%, 4분의 3이 수입농산물인가? 아무리 생각해도 아닌 것 같죠? 어떻게 74%라는 엄청난 수치가 나오는 걸까요? 그 핵심은 바로 대기업에서 만들어져 나오는 가공식품입니다. 대기업에서 만드는 대표적인 가공식품으로는 무엇이 있나요? 우리가 밥상을 차려서 먹는 데 반드시 있어야 하는 장류가 있어요. 집에서 된장을 직접 담가 먹는 사람 혹시 있나요? 아니면 시골에서 직접 담근 된장을 가져다 먹는 분 있나요? 요새는 시골이 없는 사람이 더 많은 데다 도시에서 장을 직접 담가 먹기도 힘들기 때문에, 내 밥상에 올라가는 기본적인 양념류는 전부 다 수입농산물로 만들어졌다고 볼 수 있습니다. 그것만 있나요? 앞서 이야기한 냉동 돈가스, 냉동 동그랑땡 같은 냉동식품도 다 수입농산물로 만들어요. 식용유도 마찬가지이고요. 결국은 내 밥상에 공장에서 나오는 식품이 올라가면 그건 다 수입농산물이라는 얘기예요. 다시 말해 공장에서 나온 가공식품이 내 밥상의 4분의 3을 차지한다는 것입니다. 심각한 문제는, 사람들이 가공식품을 가공식품이라고 인식하지 못하고 먹는다는 데 있어요.

식품첨가물의 미션 ❶ : 유통기한을 늘려라! · · ·

이런 가공식품의 원료가 다 수입농산물인데, 수입농산물이라고 다 나쁜 것은 아닙니다. 문제는 유통 과정에 있어요. 미국 땅에서 자란 농산물이 우리나라에 오는 과정을 한번 생각해볼까요? 미국 농부가 수확한 농산물이 미국 항구까지 수송된 다음 배로 우리나라에 들어오는데요. 미국뿐만 아니라 우리나라도 마찬가지인데, 전 세계 국가마다 식품을 소비자에게 판매할 때 검출되는 농약의 양이 최저 얼마여야 한다는 기준이 있습니다. 사람의 몸에 해가 없는 수준을 농약의 종류마다 법으로 규정해놓았는데 이를 '잔류농약기준'이라고 하지요. 이 기준을 지키려면 수확하기 전 2주일 동안은 농약을 쳐서는 안 돼요. 우리나라에서도 수확하기 최소 2주일 전에 농약을 친 농산물이 시장에 유통돼서 우리 집 밥상에 올라와요.

그런데 미국의 땅에서 수확한 농산물을 배에다 싣는 순간, 미국인들이 보기에 이건 자국 사람들이 먹을 것이 아니기에 어떻게 하든 상관이 없어요. 중요한 건 배에 싣고 한 달 이상 가는 동안 식품이 멀쩡하게 있어야 한다는 점이죠. 그래서 항구에서 배에 싣기 전에 방부제, 살균 처리를 해요. 혹시 벌레가 생길까봐 살충제 처리도 합니다. 거기다 더해 자몽, 오렌지, 파인애플같이 껍질이 두꺼운 과일은 농약을 탄 물에 하루 동안 담가놔요. 농약을 겉에 살짝만 뿌려놓으면 배에 싣고 가는 동안 상하기 때문에 농약을 희석시킨 물에 푹 절이는 거예요. 그다음 과일에 묻은 물기를 선풍기로 말리는 처리를 해서 배에 싣죠. 껍질이 얇은 채소들은 샤워기가 달린 컨베이어벨트 위로 지나가게 하고요. 농약 탄 물을 소나기처럼 뿌린 다음 수출하는 거예요. 왜 이렇게 할까요? 자국 땅을 떠나는 식품은 잔류농약기준을 걱정할 필요가 없기 때문입니다. 이렇게 수확 후에 하는 농약처리를 '포스트 하비스트(Post Harvest)'라고 불러요.

이 같은 과정을 거쳐 우리나라에 들어온 수입농산물로 국내 식품업체들이 가공식품을 만듭니다. 심각한 오염 덩어리, 농약 덩어리인 수입 농산물을 그 자체로 먹는 것도 이미 문제인데 농산물 가공하는 공장에서 오렌지주스나 파인애플 깡통, 프루트칵테일 등으로 만드는 과정에 문제가 또 있습니다.

가공식품으로 만드는 과정에서 식품위생법에 따라 반드시 거쳐야 하는 절차가 있습니다. 보통 '표준화, 규격화'라고 부르는 절차인데요, 이건 식품뿐만 아니라 공장을 통해서 나온 모든 상품이 지켜야 하는 기준 같은 것입니다. 질적으로 동등한 상품이 나오도록 하는 목적이고

"수입농산물이라고 다 나쁜 것은 아닙니다. 문제는 유통 과정에 있어요. 농산물을 수출국에서 수입국까지 수송하는 동안 식품이 잘 보존되어야 하기 때문에 살충제와 농약을 뿌리거든요. 이미 농약덩어리인 수입농산물을 가공식품으로 만드는 과정에서 방부제, 감미료, 착색료 같은 화학첨가물을 사용하는 것도 문제예요."

요. 식품위생법에 의해 공장에서 나오는 모든 식품 역시 표준화, 규격화를 따라야 합니다. 집에서 김치를 담글 때 엄마가 여러분에게 이런 말을 해요. "아무개야, 엄마 손에 양념 묻었으니까 와서 고춧가루 좀 뿌려주라." 여러분이 얼마큼 뿌리면 되냐고 물으면 엄마가 뭐라고 하나요? "일단 뿌려봐, 엄마가 그만할 때까지." 이렇게 말하죠. 집에서 음식을 만들면 나만의 요령이 생겨요. 내 한줌과 네 한줌이 달라요. 그래서 집에서 엄마가 담그는 김치는 팔지 못합니다. 왜? 법에서 정해놓은 표준화, 규격화를 지키지 못했기 때문이에요.

표준화, 규격화를 하는 데 가장 중요한 것 중의 하나가 일정 기간의 유통기한 동안 견뎌내야 한다는 점이에요. 기업 입장에서는 유통기한이 길어야 좋아요. 그래야 오랫동안 팔 수 있으니까요. 유통기한을 늘리려면 음식이 상하는 것을 막는 방부제를 넣어야 돼요. 예전에는 식품에 '방부제'라고 성분 표기를 했어요. 그러나 '방부제'에 대한 사람들의 인식이 안 좋아지면서 방부제를 '소르빈산나트륨'이라고 표기했어요. 시간이 흘러 '소르빈산나트륨'이 방부제라는 것을 소비자들이 알게 되자 기업이 또 머리를 굴려서 '보존료'라고 표기했어요. 요새는 '산화방지'라고 이름을 달리해서 표기해요. 요즘 우리나라에서 가공식품에 들어가는 가장 인기가 많은 방부제가 뭐냐 하면 바로 비타민 C예요. 비타민 C는 노화 방지, 산화 방지의 효과가 있어요. 오랫동안 젊음을 유지해주는 효과라 할 수 있어요. 그래서 기업들이 합성 비타민 C를 만들어서 방부제 대용으로 쓰고 있어요. 소비자들은 몸에 좋은 비타민 C가 들어 있다고 좋아하죠. 이렇게 수입농산물을 원료로 한 방부제, 보존료, 산화방지제는 기업들이 유통기한을 길게 하려고 첨가하는 것들이에요.

식품첨가물의 미션 ❷ :
소비자의 눈과 코와 혀를 유혹해라! ···

소비자들을 유혹하기 위해서 첨가하는 것들이 또 있어요. 첫 번째는 시각적 효과를 위한 색소입니다. 딸기 우유, 바나나 우유 하면 사람들이 기대하는 색깔이 있잖아요. 그러한 색깔을 색소를 써서 맞춰줘요. 색소 중에 석유 찌꺼기로 만든 '타르색소'가 있어요. 타르 성분은 색소 침착이 잘되게 하는 역할을 하죠. 다시 말해 색소가 착 달라붙게 하는 게 타르인데 소비자는 색깔을 보는 순간 도저히 사 먹지 않을 수가 없어요.

눈을 유혹한 다음에는 코를 유혹하기 위해서 화학작용을 거쳐 만든 향료를 넣습니다. 딸기 우유를 개봉했을 때 사람들은 딸기향이 나기를 기대하잖아요. 그런데 진짜 딸기를 넣으면 단가가 안 나오기 때문에 딸기색이 나는 색소와 딸기향이 나는 향료를 넣습니다. 코까지 유혹하면 끝일까요? 아니겠죠. 딸기맛을 내는 성분을 또 첨가해야 돼요. 왜? 이 안에는 딸기가 안 들어 있으니까요. 요새는 딸기를 겨우 5%만 넣고 '딸기과즙듬뿍우유'라고 광고해요. 예전에는 딸기를 하나도 넣지 않았으니까 5%만 넣어도 듬뿍인가 봐요. (청중 웃음)

맛을 느끼는 혀를 유혹하기 위해 다양한 첨가물을 넣는데, 그중 가장 유명한 것이 MSG입니다. MSG는 대한민국 사람들이 제일 좋아하는 맛인 감칠맛을 내는 물질이에요. 혀끝에 닿았을 때는 달착지근하고 목구멍으로 넘어갈 때는 짭짜름한 맛이 감칠맛이에요. 국물을 많이 먹는 우리나라나 중국, 일본 사람들이 좋아하는 맛이죠. 단맛과 짠맛을 둘 다 가지고 있는 아주 미묘한 맛이에요. MSG의 원래 명칭은 L-글루타민산나트륨입니다. L-글루타민산나트륨은 멸치, 북어, 미역, 다시마 같은 건어물과 해조류에 많아요. 그런데 건어물은 그 자체를 먹어서는 감칠 맛이 안 나고 우려먹어야 그 맛이 납니다. 감칠맛을 내는 데는 시간도 오래 걸리고 귀찮기도 하죠. 그래서 글루타민산나트륨의 화학식을 찾 아내서 합성해서 만든 것이 화학조미료입니다.

요새 성인병이 한국 사람들에게도 많이 발병합니다. 흔히 우리나라 사람들이 성인병에 걸리는 이유를 음식을 짜고 맵게 먹어서 그렇다고 말해요. 여러분, 우리나라 음식 중에서 짜고 매운 음식을 한번 들어볼 래요? 헤아릴 수 없이 많아요. 고추장, 김치, 젓갈, 각종 장류…… 성인 병을 예방하려면 이런 음식을 먹으면 안 된다고 많은 사람들이 생각하 죠. 그런데 옛날에는 한국인들이 성인병에 잘 안 걸렸어요. 새우젓 같 은 짠맛의 음식을 먹으면 우리 몸은 저절로 물이나 밥같이 그것을 희 석시킬 수 있는 뭔가를 찾게 되어 있거든요. 전통적으로 한국인들이 짠 음식을 많이 먹었어도 성인병에 걸릴 일이 없었어요. 사실 한국 사람들 이 성인병에 걸리는 진짜 이유는 음식을 짜게 먹어서가 아니라 나트륨 을 과하게 섭취하기 때문입니다.

눈과 코와 혀를 유혹하고 유통기한을 늘리기 위해서 가공식품에 넣 은 온갖 첨가물이 '나트륨 과잉'의 주된 원인이에요. 이런 첨가물들을 가장 쉽게 만들 수 있는 방법이 나트륨과 결합시키는 것입니다. 소르빈 산나트륨, 아질산나트륨, 글루타민산나트륨, 카세인나트륨…… 지금 우리나라에서 쓰고 있는 식품첨가물 중 90% 이상이 나트륨이에요. 여 러분이 먹는 과자 포장지를 보면 제조 성분이 쓰여 있는데, 나트륨이 정말 많습니다. 음식을 짜게 하는 것은 염소가 하는 역할이기 때문에 나트륨 과잉을 가지고는 물을 찾지 않아요. 결국 나트륨 과잉으로 성인병에 걸리는 거죠. 그런데 '음식을 짜게 먹지 말고 싱겁게 먹어라'라고 잘못 알려져서 사람들이 가공식품은 더 열심히 먹고 짠맛 강한 전통식 한국 음식은 안 먹게 된 거예요. 결국 내 몸이 안 좋은 쪽으로 가게 되었어요.

식품첨가물을 통해 섭취한 나트륨 과잉으로 아이들이 엄청나게 많은 질병을 가지게 되었어요. 더구나 식품 속에 든 온갖 화학물질들은 몸속의 생식기에 제일 먼저 쌓입니다. 이건 사람에게뿐 아니라 동물, 심지어 물고기에게도 마찬가지예요. 내 몸은 인지하지 못하지만 화학물질이 난소, 정소에 쌓이고 쌓여 나에게 병으로 오기 전에 자식에게 먼저 병으로 갑니다. 2005년도 통계에 따르면, 그해에 출생한 아이들의 70%가 알레르기를 갖고 태어났어요. 물론 이 수치는 각종 알레르기를 합한 것이기 때문에 중복되는 경우도 있을 수 있지만 그만큼 심각하다는 뜻이에요. 거기다 태어난 이후에도 계속 육류, 가공식품 위주의 밥상에 길들여지다 보니 결국 예전엔 성인들이 걸린다고 알려진 각종 성인병을 앓는 아이들이 늘어날 수밖에 없는 셈이죠.

우리가 몰랐던 식품첨가물의 진실 • • •

식품첨가물이 왜 문제일까요? 먼저, 대부분이 화학첨가물이기 때문인데요. 현재 우리나라에서 사용하는 화학첨가물은 424종, 천연첨가물은 195종, 혼합첨가물은 7종이 있다고 해요. 그중 가장 소비가 많은 식품첨가물 100위 안에 천연첨가물은 24종에 불과하고 나머지는 모두 화학첨가물이거나 혼합첨가물이라고 해요.

더구나 천연첨가물이라 할지라도 안심할 수 없습니다. 천연첨가물도 그 추출 과정을 보면 화학작용을 통하여 추출하는 경우가 대부분이기 때문입니다. 예를 들어 게나 새우에 많은 키틴의 경우, 추출할 때 수산화나트륨과 염산을 가하여 단백질과 탄산칼슘을 분리해내는 과정을 거치거든요.

식품첨가물 자체도 문제가 되지만 특히 화학첨가물의 경우에는 더 큰 문제가 존재해요. 화학첨가물은 자연에서는 구할 수 없습니다. 즉, 자연에서 존재하는 각종 물질 가운데 기업이 원하는 특성을 가진 물질을 화학식으로 전환하여 실험실에서 만들어낸 것이 화학첨가물이에요. 이는 식품의약품안전청에서 식품첨가물의 안전성을 판단할 때 근거로 삼는 실질적 동등성 개념과도 밀접한 관련이 있어요. 여러분에게는 생소한 개념일 텐데, 실질적 동등성 개념이란 미국이 식품에 관해 적용하는 것으로 성분이 똑같으면 동일한 것으로 간주하는 것을 말해요. 즉, 화학식 내지는 구조가 같으면 그것이 천연이건 화학적 합성이건 구별하지 않는다는 거예요. 꿀과 사탕의 화학식이 같다는 이유로 꿀과 설탕을 동일하게 취급해서 값도 같게 책정해요. 미국에는 가짜 꿀이 없다고 하는데 그건 미국 사람이 양심적이라서가 아니라 굳이 같은 값인데 설탕을 벌에게 먹여 꿀로 둔갑시킬 필요가 없기 때문이거든요.

또 하나 중요한 사실이 있어요. 식품첨가물 기준량은 생산자가 제품을 만들 때 들어가는 기준량일 뿐, 소비자 입장에서는 하루에만도 여러 가지 가공식품을 먹기 때문에 기준량 이상을 먹게 되는 셈이에요. 우리가 하루에 섭취하는 식품첨가물이 70~80가지가 된다고 하니 그 양이 엄청나겠지요?

예를 들어 아이들이 좋아하는 케이크류에 들어가는 식품첨가물은 무려 22종이 넘어요. 흔히 먹는 빵에 들어가는 첨가물은 40종에 달하고요. 이미 빵 하나를 먹어도 식품첨가물 40종을 먹는 것인데 식품첨가물에 대한 기준을 정하는 식품의약품안전청은 이 40종을 다 고려하여 기준을 정하지 않고 40종 하나하나의 한도를 정하기 때문에 빵 하나만으로도 한 달치 식품첨가물을 다 섭취하는 경우가 생길 수 있어요. 이를 무게로 따지면 보통 10g 정도이고 이렇게 60년 동안 계속 먹는다고 치면 200kg이 된다고 해요.

우리가 보통 여러 가지 음식을 통해 식품첨가물을 혼합해서 섭취하기 마련인데, 이럴 경우 첨가물끼리의 반응으로 복합오염을 일으켜 알레르기, 만성 천식, 당뇨, 비만, 편두통 등의 증상이 나타난다고 합니다. 아이들의 경우 아토피와 산만증세를 보이기도 하지요.

모든 화학물질의 역사를 돌아보면 지금의 과학수준으로 괜찮다고 한 것이 몇 년, 몇십 년 후에 나쁜 물질로 밝혀진 경우가 많아요. 식품첨가물도 예외일 수 없겠지요. 대표적인 예가 품질개량제로 오랫동안 쓰이던 브롬산칼륨이에요. 브롬산칼륨은 1962년 처음 식품첨가물로 지정된 이후 30년 이상 품질개량제로 쓰이다가 1992년 WHO에서 발암물질로 지정한 후 우리나라에서는 1996년부터 사용을 금지하고 있어요. 이런 사례가 앞으로도 얼마든지 나올 수 있다는 사실을 고려하면 식품첨가물 문제는 앞으로 더욱 심각해질 거예요.

화학첨가물의 종류와 부작용

사용목적	명칭	기능	대표적 첨가물	함유식품	과잉 섭취시 부작용
맛	조미료	맛 강화	L-글루타민산, 글루타민산나트륨(MSG), 이노신산나트륨, 구아닐산나트륨 숙신산 등	거의 모든 가공식품류	뇌, 눈 장애, 성장장애, 대사장애 등
	산미료	신맛 부여	구연산, 빙초산, 말산	음료, 빙과, 소스류	
	감미료	단맛 부여	아스파탐, 사카린나트륨, 소디움, D-솔비톨 등	음료, 빙과 등	소화기장애, 콩팥장애, 생식기 이상, 염색체 이상, 발암성
향	착향료	특수한 향을 부여함으로 식욕 증진	초산게라닐, 시트로넬랄 등	음료, 버터, 치즈, 크림류, 식육가공품	
색	착색료	색 강화	식용타르색소(적색2호, 적색3호, 황색4호, 황색5호 등 12종), 베타카로틴, 리보플라빈 등	대부분의 가공식품류	간, 혈액, 콩팥장애, 뇌장애, 발암성
	표백제	탈색, 변색의 원인인 유색물질의 표백	아황산나트륨 등 아황산류	과즙 및 과일가공품	기관지염, 천식, 위점막자극, 신경염, 순환기장애. 알레르기
	발색제	식품의 유색물질 강화	아질산나트륨, 질산나트륨, 질산칼륨	육류가공품	간암, 빈혈, 호흡기능저하, 급성구토, 발한, 의식불명.
모양	호료	점성의 증강	카세인나트륨, 알긴산염류,	아이스크림, 각종 소스류, 비스킷, 빵 등	
	유화제	물과 기름의 혼합 및 안정화	글리세린지방산에스테르, 모노글리세리드 등	아이스크림, 마가린, 드레싱류	중금속 배출을 방해.
	이형제	일정한 모양 유지	유동파라핀빵	비스킷	
	보존료 (방부제)	미생물의 발육 방지 및 보존성 향상	소르빈산, 소르빈산칼륨, 소르빈산나트륨, 안식향산	수산가공품, 소스류, 절임반찬류, 빵 등	간에 악영향, 발암성, 염색체 이상, 신경계 이상

세상을 담은 밥 한 그릇

보존	살균제	부패 원인균 및 병원균의 사멸	차아염소산나트륨, 표백분	물, 과일, 어육제품, 식육제품, 두부 등	피부염, 고환위축, 발암성, 유전자 파괴. 알레르기
	산화 방지제	기름의 산화 방지	BHA, BHT, 아스코르브산, L-토코페롤	통조림, 냉동식품, 치즈, 식용유 등	칼슘결핍유발, 염색체 이상, 발암성
품질	품질 개량제	품질저해 물질을 파괴하여 품질 향상	L-시스틴, 인산염류	식육가공품, 어육연제품, 청량음료, 된장, 아이스크림, 치즈 등	
영양강화	영양강화제	식품의 영양 강화	비타민C, 구연산칼슘	과자류, 과즙류, 빵 등	
식품 제조에 필요한 것	팽창제	과자, 빵의 부피 증가 및 조직 강화	탄산암모늄,탄산수소나트륨, 중탄산나트륨	빵, 비스킷, 초콜릿 등	카드뮴, 납 등 중금속 중독
기타	껌기초제	껌 베이스	에스테르검		

가공식품 줄이고 발효식품 먹기 •••

6~7년 전, 국내 최대 식품업체에서 자신들이 꿈꾸는 미래의 부엌을 발표했어요. 그들이 꿈꾸는 미래의 부엌에는 식탁, 의자, 냉장고, 전자렌지만 있고 부엌에 아무것도 없어요. 왜? 자기네 회사에서 가공식품을 만들어 팔면 소비자는 냉장고에 보관해두었다가 필요할 때 꺼내서 전자렌지에 데워서 먹기만 하면 되니까요. 힘들게 시장 볼 일도, 요리할 일도, 설거지할 일도 없게 만들어주는 것이 그들이 꿈꾸는 미래의 부엌이에요. 실제로 점점 우리의 부엌이 이 식품업체가 꿈꾸는 부엌에 가까워지고 있어요.

음식을 선택한다는 것은 단순하게 내가 먹는 것을 잘 선택하는 문제를 넘어서서 근본적으로 삶의 방식을 결정짓는 문제입니다. 오늘날의 밥상은 정치·경제·사회적인 것들의 영향 하에 있기 때문입니다. 그리고 밥상을 바꾸는 것의 핵심은 '불편함을 선택하는' 데 있습니다. 사실 가공식품을 사 먹는 게 편하잖아요. 고추장, 된장 같은 우리의 전통음식도 요새는 공장에서 만들어진 것을 대부분 사 먹어요.

공장에서 만들어진 고추장이나 된장을 사면 겉포장에 '무방부제'라고 쓰여 있어요. 그 밑에는 '개방 후 냉장 보관하십시오'라고 작은 글씨로 쓰여 있죠. 이런 문구를 보면 사람들은 이렇게 생각해요. '방부제가 들어 있으면 안 썩으니까 실온에 보관해도 될 텐데, 방부제가 안 들어갔기 때문에 냉장고에 보관하는구나. 내가 좋은 걸 샀군.' 여러분도 이렇게 생각하나요? 아니겠죠. 이 말이 옳다면, 집에서 담근 된장, 고추장은 마당에 10년씩 두고 먹는데 도대체 그 안에는 방부제가 얼마나 많이 들어갔다는 말인가요? (청중 웃음)

사실은 '무방부제'라서 냉장 보관하는 것이 아니라, 표준화, 규격화를 위해서 살균처리를 했기 때문에 냉장 보관하는 것이에요. 살균처리를 하면 좋은 균이건 나쁜 균이건 다 죽습니다. 좋은 균만 살아 있게 하지는 못하죠. 살균처리된 식품을 공기 중에 두었을 때 공기 중의 많은 균들이 식품에 달라붙습니다. 이때 당연히 안 좋은 균이 달라붙기도 하겠죠. 그렇기 때문에 냉장 보관하라고 권하는 거예요. 냉장고에 넣어도 결국은 상합니다. 반면 집에서 담근 된장은 10년 동안 밖에 두어도 상하지 않아요. 시골에서 장 뚜껑을 열어본 사람은 알겠지만, 그 속을 보면 밥맛이 뚝 떨어져요. 공기 중에 노출되어 있는 된장 표면에 온갖 균들이 붙어 있거든요. 균들이 어떻게 해서든지 장을 먹어보려고 장 표면에 다닥다닥 붙어 있어요. 사람들은 표면만 보고 장이 상했다고 생각하는데, 이걸 한 꺼풀 벗겨내면 정말로 색깔 고운 장들이 가득 들어 있어요. 장 안에 이미 몸에 좋은 균들이 들어 있어서 나쁜 균들이 표면에 앉기는 해도 감히 그 속으로까지 들어가지는 못해요.

우리가 된장 같은 발효식품을 먹어야 하는 이유는 그 안에 몸에 좋은 균들이 있기 때문입니다. 이 좋은 균들이야말로 살아 있는 식품입니다. 그러니 발효식품을 먹어도 이왕이면 공장에서 나오는 살균처리한 식품 대신 집에서 만든, 살균처리 안 된 식품을 먹어야 돼요.

장은 콩을 가지고 담가요. 콩의 별명은 '밭의 쇠고기'입니다. 콩에 단백질이 많아서 그렇게 부르죠. 우리 몸의 에너지원은 탄수화물, 지방, 단백질이에요. 탄수화물과 지방을 화학식으로 분해해보면, 탄소(C), 수소(H), 산소(O)로 이루어져 있어요. 모든 생물체가 생존하는 데는 탄소(C), 수소(H), 산소(O) 말고도 질소(N)가 필요한데, 질소는 단백질에만 들어 있어요. 여러분, 닭가슴살 먹는 단백질 다이어트는 들어봤어도 탄수화물 다이어트, 지방 다이어트는 못 들어봤죠? 왜일까요? 질소를 섭취해야 되기 때문이에요. 질소가 동물성 단백질에 들어 있으니까요.

그런데 전통적으로 한국인은 질소를 고기가 아니라 콩을 통해서 섭취해왔어요. 콩의 뿌리에는 박테리아가 기생합니다. 현미경으로 보면 마치 혹처럼 붙어 있다고 해서 '뿌리혹박테리아'라고 불러요. 뿌리혹박테리아는 질소를 만들어내는데 콩은 뿌리혹박테리아로부터 질소를 공급받으면서 자랍니다. 질소가 풍부한 콩을 그래서 밭의 쇠고기라고 부르는 것입니다.

질소는 비료의 3대 요소 중 하나이기도 합니다. 질소를 녹색식물이 굉장히 좋아해요. 질소가 있어야만 식물이 잘 자랄 수 있기 때문에 식물은 뿌리를 내리면 숙명적으로 질소를 찾아 헤맵니다. 그런데 풀이나 잡초 같은 녹색식물로서는 콩밭에 뿌리를 내리면 이보다 좋을 수 없습니다. 콩의 뿌리에 있는 뿌리혹박테리아가 질소를 많이 모아둔 덕분에 힘들이지 않고도 질소를 공급받을 수 있기 때문입니다. 콩밭에 잡초가 많은 이유도 질소가 풍부하기 때문이에요. 콩밭 매는 게 힘들다는 말이 왜 생겼는지 아시겠죠? (청중 웃음) 우리가 장류를 먹는 것도 질소를 섭취하는 측면에서 아주 중요합니다. 장류는 우리에게 정말 필수적인 식품이에요.

껍질째 먹기 • • •

두 번째로 여러분께 전하고 싶은 팁은 껍질째 먹으라는 것입니다. 껍질이 있는 식품은 뭐든지 껍질째 먹는 것이 좋아요.

껍질이 있는 채소나 과일의 특징은 뭘까요? 씨앗이 그 안에 있다는 것인데요. 우리가 먹는 과육 부분은 그 안에 있는 씨앗이 잘 자라게 하기 위한 영양분이에요. 이 영양분이 깨끗해야만 씨앗이 잘 자랍니다. 그러나 자연 상태가 그렇게 깨끗하지는 않습니다. 농약뿐만 아니라, 공기 중에 있는 중금속에서부터 각종 균들까지 온갖 오염물질들에 노출되기 마련이에요. 이것들을 막아줘야만 씨앗이 건강하게 살 수 있기 때문에, 무엇보다 과육이 건강해야만 씨앗도 건강하게 살 수 있습니다. 외부에서 침투하는 모든 나쁜 물질을 해독하는 것, 사실 이것은 모든 생물의 본능인데요. 외부에서 침투하는 나쁜 물질을 해독하는 물질이 바로 껍질과 과육의 경계선에 있어요. 그래야 과육을 안전하게 지키죠.

대부분의 사람들은 과일이나 채소 껍질에 더러운 물질이 많다고 생각해서 씻었는데도 못 미더워서 껍질을 두껍게 깎아내고 먹습니다. 이렇게 하는 순간, 여러분은 해독물질을 먹을 기회를 그대로 버리는 거예요. 껍질을 깎아내기보다는 깨끗이 씻어서 해독물질 그대로 먹는 게 몸에 좋습니다. 껍질째로 먹는 게 죽도록 싫다는 분은 기능올림픽에 나갈 정도로 껍질 깎기 기술을 연마하세요. 껍질과 과육의 경계선을 아주 절묘하게 남겨놓고 벗겨내면 되거든요. 그 정도의 기술이 없다면 껍질째 꼭 먹으세요. (청중 웃음)

잡곡 먹기 •••

마지막으로 잡곡을 많이 먹는 것도 중요합니다. 잡곡은 그 자체가 과육이고 씨앗입니다. 잡곡을 하루만 물에 불려놓으면 싹이 스스로 터요. 우리가 밥을 먹을 때도 싹을 틔워 먹으면 좋아요. 다만 물속에 담가두면 쉽게 쉬어버리기 때문에, 물속에 담가놓는 것보다는 수분 상태를 유지할 수 있는 방법을 궁리하면 돼요.

잡곡은 영양분이고, 싹은 씨눈에서 트는데요. 영양분이 분해되기 쉬운 형태가 되어야만 싹이 잘 자랍니다. 분해하기 쉬운 상태로 변하는 시점이 싹이 트기 시작하면서부터예요. 그래서 싹을 틔워 먹으면 잡곡으로 그냥 먹을 때보다 소화흡수가 훨씬 잘 돼서 몸에 좋답니다. 음식을 먹을 때 50번, 100번씩 꼭꼭 씹어 먹어도 소화흡수를 촉진하지만 그렇게 하기가 쉽지는 않기 때문에, 싹을 틔워 먹는 게 한 방법이 될 수 있습니다.

이것 말고도 다른 효능이 있습니다. 잡곡들은 껍질이 단단하기 때문에 외부에서 묻은 이물질들, 중금속, 화학물질의 잔류치가 있을 수밖에 없어요. 유기농이라 하더라도 이런 이물질이 나옵니다. 공기 중에도 오염물질이 있기 때문이에요. 그런데 놀랍게도 싹을 틔우면 오염물질이 완전히 없어져요. 건강한 영양분을 싹에 공급하려고 스스로가 해독하는 것입니다. 생물의 생존본능이 참으로 놀랍죠. 잡곡을 발아시켜서 파는 어느 농민은 "이건 과학적으로 도저히 이해가 안 돼. 오로지 신의 섭리야" 이렇게까지 이야기하세요.

사계절 자연이 준 밥상 •••

이 세 가지를 지킨다면 훨씬 건강하게 살 수 있습니다. 가공식품을 줄이고 발효식품을 먹고 껍질째 먹고 잡곡밥을 꼭꼭 씹어 먹으면 우리의 과거 밥상 그대로 먹는 것입니다.

우리나라는 전통적으로 봄에는 산과 들에 있는 나물을 캐서 먹었습니다. 봄에 땅에 심은 채소는 여름 밥상이 되었습니다. 된장, 상추, 고추, 오이, 김치가 있으면 밥 한 그릇이 뚝딱이었어요. 가을이 되면 채소들은 없어지고 다시 산과 들로 다니면서 버섯이나 도토리 같은 것들을 채취해서 먹었습니다. 장마철을 지나 씨를 뿌려서 겨울에 수확한 게 배추, 무 같은 김장거리였습니다. 김장해서 겨우내 먹었어요. 이것이 우리 조상들이 먹어온 밥상이었습니다. 격변의 역사 속에서 사라져가는 밥상이지만, 지금부터라도 우리가 조금만 신경 쓰면 얼마든지 되살릴

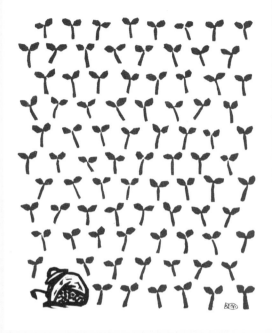

이윤엽, 〈콩밭 매는 할머니〉

"서양인의 식문화는 사시사철 먹을 수 있는 고기 중심입니다. 반면 우리는 육류를 전통적으로 먹어
왔던 민족이 아니라, 때에 맞는 곡류와 채소를 먹고산 민족입니다. 때워 맞춰 자연이 주는 것을 먹
으니, 때에 맞는 반찬이 있습니다. 몸이 필요로 하는 것들을 자연에서 공급받으면서 자연과 조화를
이루며 살아왔던 것이지요."

수 있어요.

여러분께 질문 하나 할게요. 냉이가 언제 나요?

청소년 : 봄에 나요.

시금치는요?

청소년 : 봄에요.

시금치는 냉이와는 다르게 인간이 관리해서 얼마든지 잘 키울 수 있습니다. 1년 365일 비닐하우스에서 키울 수 있어요. 지금은 가을에 소풍을 가도 김밥에 시금치를 넣을 수 있는데 옛날에는 그렇지 못했어요. 반면 냉이는 인간의 손으로 인위적으로 키우지 못합니다. 그래서 봄에만 먹을 수 있어요. 사실, 냉이와 시금치는 원래 봄에 나는 채소가 아니에요. 겨우내 나는 채소입니다. '월동작물'이라고도 불리는데 왜 이런 이름이 붙었을까요?

농민들은 11월, 12월이 되면 무, 배추를 수확해요. 그걸로 김장을 담그고 나면 이 땅은 노는 땅이에요. 이 노는 땅에 아무것도 안 심어도 냉이, 시금치가 나기 시작해요. 한겨울에는 햇빛의 양이 적어서 냉이, 시금치는 조금이라도 해를 더 받기 위해서 네 활개를 펴고 있어요. 식물은 광합성을 해야 하니까요. 또한 겨울에는 바람이 많이 불어요. 키가 크면 바람에 쓰러지기 때문에 겨우내 자라는 냉이, 시금치는 땅바닥에 붙어서 자라요.

겨울에 밭에 난 시금치, 냉이를 뜯어 반찬을 해먹으면 조금 지나서 다시 또 나요. 날씨가 슬슬 풀리면 땅속에 있는 잡초의 씨앗들이 싹을 틔울 채비를 해요. 그런데 이 땅에는 이미 시금치와 냉이가 자라고 있어요. 시금치와 냉이의 힘을 이겨내지 못하는 잡초는 결국 세상 구경을 하지 못해요. 잡초가 자라지 못하는 땅에서는 시금치와 냉이를 봄까지 캐서 먹어요. 날씨가 풀리면서 농민들은 땅에 씨를 뿌려야 하니까 냉이와 시금치를 전부 캐서 시장에 내다 팔아요. 그래서 사람들이 시금치와 냉이를 봄이 제철인 채소로 알고 있는데요, 사실은 겨우내 자란답니다. 시금치와 냉이가 자라는 땅에는 잡초를 제거하기 위해 밭을 갈아엎거나 제초제를 뿌리지 않고도 농사를 지을 수 있어요.

세상을 바꾸는 선택 •••

요즘은 단작을 많이 해요. 올해도 내년에도 후년에도 같은 땅에 계속 한 가지 작물만 심지요. 이렇게 되면 토양이 스스로의 힘을 잃어버리는 문제점이 생깁니다. 또 한 가지 작물을 심으면 그 작물에 필요한 영양분만 빠르게 없어져서 토양이 영양 불균형 상태가 됩니다. 이걸 보충하기 위해서 화학 비료를 쓰게 되고요. 단작을 하지 않고 같은 땅에 다른 작물을 골고루 바꿔가면서 짓는 윤작을 하면 토양이 영양 불균형 상태가 되지는 않아요. 땅속에 있는 것들이 스스로 살아갈 수 있는 자생력이 있어야 하는데 화학비료에 의존하면 스스로 재생이 불가능한 땅이 돼요. 비유하자면 화장과 비슷해요. 저희 집 식구들은 스킨, 로션 같은 화장품을 전혀 쓰지 않아요. 오로지 물과 세수 비누만 써요. 피부에 아무것도 바르지 않는데 저는 지금까지 살면서 얼굴이 당겨본 적이 한 번도 없어요. 아무래도 제 피부가 아는 것 같아요. 자기가 잘못 태어나서 주인이 수분과 유분을 공급해주는 로션, 스킨을 절대로 쓰지 않는다는 것을. (청중 웃음) 이게 피부가 스스로 견뎌내는 힘을 가지고 있기 때문에 계절에 맞춰서 알아서 유지가 되는 거거든요. 반면 화장품을 한 번 쓰기 시작하면 피부가 자생력을 잃기 때문에 계속 쓸 수밖에 없어요. 피부도 땅도 모든 생물도 외부의 힘에 의존하기 시작하면 자생을 하지 못합니다.

미국도 단작을 해요. 10년, 20년 같은 땅에 면화나 옥수수 같은 한 작물만 심으니 땅이 지쳐서 못 살죠. 이것을 지켜본 미국의 유명한 농학자가 고민을 했어요. '저 땅을 질소가 풍부한 땅으로 만들려면 콩을 키워야 하는데, 이미 대규모로 콩 농사를 짓는 농민들이 많으니까 저 땅에 콩 대신 땅콩을 심어야겠구나.' 땅콩이 사실 콩보다 뿌리혹박테리아가 훨씬 많은 작물이거든요. 이 농학자가 농민들에게 가서 권하기를, 면화·유채·옥수수를 심다가 3~4년에 한 번씩 전부 갈아엎고 땅콩 농사를 지으라고 해요. 그러면 토양이 비옥해지고 비료 없이도 몇 년 농사가 가능하다고 이야기하죠. 농민들은 비료값이 안 든다는 말에 땅콩 농사를 지었어요. 문제는 수확한 땅콩을 아무도 사 먹지 않는다는 거였어요. 1년 농사를 망친 농민들을 보며 이 농학자가 또 고민을 했어요. '농민들이 땅콩을 심어도 판로가 전혀 없구나. 땅콩을 많이 소비할 수 있는 식품을 개발하지 않으면 농민들이 땅콩을 안 심겠구나.' 연구 끝에 이 농학자가 만든 것이 땅콩버터였습니다. 상품은 대박이 났고 농학자는 스스로 지적재산권 특허를 포기했습니다. 농민들이 특허 사용료까지 지불해가며 땅콩버터를 만들어야 한다면 땅콩을 심지 않을까봐 특허를 포기하고 모든 농민에게 땅콩버터 만드는 방법을 공개한 것이죠. 토양이 화학비료에 의존하지 않고 자생하는 길을 열어주기 위한 선택이었던 겁니다. 오늘날 미국 아이들이 가장 좋아하는 도시락 메뉴인 땅콩버터가 처음 세상에 나오게 된 데는 이런 이야기가 있었답니다. 모든 식품은 그 뒤를 캐보면 다른 이야기들이 숨어 있습니다. 그 모든 이야기들이 근본적으로는 세상을 바꾸는 길이 될 것입니다. 내가 선택한 먹을거리로 인해 내 몸만 건강해지는 것이 아니라 세상이 바뀔 수 있다는 점을 꼭 기억해주세요. 열심히 들어주셔서 감사드리고요, 질문 있으면 함께 나눠볼까요.

청소년 : 선생님께서 옛날 밥상으로 돌아가는 대안으로 껍질째 먹기, 장 담가 먹기, 잡곡 먹기 세 가지를 말씀해주셨는데 이걸 실천하려면 어느 정도의 불편함을 감수해야 합니다. 엄청난 양의 농산물을 수입하고 있는 현실 앞에서 껍질째 먹고 장 담가 먹는 일이 얼마나 효과가 있을지 의문입니다. 오히려 농산물 수입을 반대하는 정치적인 액션을 취하는 것이 더 현명한 방법 아닐까요?

김은진 : 저도 20대 때 똑같은 생각을 했어요. 그것만이 답이라고 생각하고 매일 데모하러 다녔어요. 부모들은 판검사 돼서 잘나갈 거라고 기대했겠죠. 집단행동으로 뭔가 확실하게 깨부술 수 있다고 생각했던 시절도 있었어요. 그런데 문제는 이게 소수 몇 명이 모여서 머리를 굴리고 액션을 취해서 해결할 수 있는 유형의 것이 아니라는 거예요. 아무리 누군가가 구호를 외친다고 해도, 우리의 근본적인 생활방식부

터 바뀌지 않으면 결코 끝나지 않는 싸움이에요. 2008년에 미국산 광우병 쇠고기가 들어오면 죽을 것처럼 온 사회가 난리가 났었잖아요. 지금은 어때요? 아무도 생각 안 해요. 식당에서 미국산 쇠고기 팔아도 가서 잘 먹어요. 어떤 식의 행동으로 보여지는 것은 그 시기에 무언가 외부의 자극이 주어졌을 때 그 자극에 대한 반응으로는 효과가 있을지는 몰라도 근본적인 해결책은 아니에요. 먹을거리, 농업의 문제는 내가 살아가는 방식, 즉 내가 무엇을 선택하고 실천하는가의 문제이지 집단행동을 해서 어떻게 정치적 목적을 달성할 것인가에 대한 문제와는 다르다고 생각해요. 내 삶의 방식, 내가 선택하는 것 하나하나를 조금씩 바꿔나가지 않으면 결코 풀리지 않아요.

사실 곰곰이 생각해보면 농업만 살릴 수 있으면, 우리나라 땅에서 식량만 지킬 수 있으면 풀 수 있는 일들이 무척 많아요. 예를 들어 식량을 우리 스스로 생산해서 먹을 수 있으면 수입을 안 해도 돼요. 아무리 수입 압력이 들어와서 농산물유통공사나 대기업에서 수입 농수산물로 가공식품을 만들어도 우리가 가공식품을 먹지 않으면 그만이에요.

농사를 짓기 위한 기본 조건이 있어요. 우선 땅이 있어야겠죠. 그리고 농사를 짓는 동안 땅을 지킬 수 있어야 돼요. 그러려면 정착생활이 가능해야겠죠. 안정적인 생활이 뒷받침되어야 한다는 말입니다. 그러므로 농업을 살리려면 전쟁반대운동, 평화운동을 해야 합니다. 아프리카는 건기, 우기만 잘 조절하면 얼마든지 먹고살 수 있는 땅입니다. 그럼에도 기아인구가 아프리카에 가장 많아요. 왜? 세상의 많은 분쟁과 전쟁이 아프리카에서 일어나기 때문이에요. 오늘, 내일을 모르는데 어떻게 농사를 짓고 계획을 세울 수 있겠어요? 그러므로 농업은 본질적으로 평화운동이라야 합니다.

또 하나, 농사는 혼자 지어서는 안 돼요. 주변 사람들과 농작물을 골고루 나눠서 지어야 쌀, 잡곡, 채소, 콩을 골고루 다 먹을 수 있어요. 농업은 함께하는 공동체 운동이에요. 그리고 이것은 생명을 유지시키는 활동이라 다른 것과 달라요. 컵은 없어도 살아요. 집도 50평 아닌, 10평짜리, 단칸방만 있어도 살 수 있어요. 하지만 밥은 매일 먹어야 합니다. 오늘 한번 배부르게 먹었으니까 열흘간 굶고 열흘 후에 다시 먹자, 이럴 수 없어요. 그리고 농업은 빈부, 남녀노소 관계없이 모든 사람들의 생존이 걸린 문제입니다. 요새 식량을 선택할 수 있는 권리, 식량주권을 자국민에게 돌려달라는 외침이 많이 들려옵니다. 그것이 가장 근원적인 생존의 문제이기 때문입니다.

농업과 식량을 지켜내는 것만으로 WTO, 남북 분단 문제, 미국의 경제적인 압력 문제 등등의 실마리를 풀 수 있습니다. 이런 문제들은 내가 식량을 지킨다는 의지만 있으면, 그래서 내 밥상을 바꾸겠다는 의지만 있으면 시간이 조금 걸리더라도 얼마든지 해결할 수 있습니다. 그러나 WTO 그 자체를 없애는 것은 더 많은 노력과 시간을 들여도 불가능한 일이 되기 쉽습니다. 거기에는 정치, 경제, 사회를 둘러싼 모든 이해관계자들이 얽혀 있기 때문입니다. 당장 우리나라에도 WTO로 먹고사는 사람들이 얼마나 많은가요? 그러나 근본적인 먹고사는 문제, 농업문제가 해결된다면 WTO나 다른 정치경제적인 문제도 풀어나갈 수 있답니다.

세상을 담은 밥 한 그릇

1판 1쇄 펴냄 2013년 1월 25일
1판 9쇄 펴냄 2022년 1월 25일

기획 길담서원
지은이 주영하 · 송기호 · 문성희 · 이명원 · 박성준 · 정대영 · 김은진

주간 김현숙 | **편집** 김주희, 이나연
디자인 이현정, 전미혜
영업 • 제작 백국현 | **관리** 오유나

펴낸곳 궁리출판 | **펴낸이** 이갑수

등록 1999년 3월 29일 제300-2004-162호
주소 10881 경기도 파주시 회동길 325-12
전화 031-955-9818 | **팩스** 031-955-9848
홈페이지 www.kungree.com
전자우편 kungree@kungree.com
페이스북 /kungreepress | **트위터** @kungreepress
인스타그램 /kungree_press

ⓒ 길담서원 · 주영하 · 송기호 · 문성희 · 이명원 · 박성준 · 정대영 · 김은진, 2013.

ISBN 978-89-5820-247-9 03300